말맛이 살고 글맛이 좋아지는 어맛!

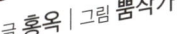

글 홍옥 | 그림 뿜작가

EBS BOOKS

어휘 공부, 맞춤법과 띄어쓰기가 빠질 수 없어요!

 친구들 대부분은 한글을 배우고 난 뒤 '받아쓰기 시험'을 본 경험이 있지 않나요? 선생님이나 부모님이 불러 주시는 낱말과 문장을 듣고 쓰면서, 더러 글자가 헷갈리기도 하고 틀릴까 봐 조마조마했던 적도 있을 거예요. 그 과정에서 들리는 대로 적었을 뿐인데, 왜 어떤 글자는 맞춤법에 맞지 않는다고 하는지 의문이 들었을지도 몰라요. 글자를 읽고 쓸 줄만 알면 된다고 생각했는데 난데없는 맞춤법이라니, 머리가 지끈거렸을지도 모르겠네요.

사실 우리가 쓰는 모든 어휘나 언어는 이 사회를 살아가는 사람들끼리 그렇게 부르자고 정한 약속이라고 볼 수 있어요. '달'을 '달'이라고 하고 '별'을 '별'이라고 말하면, 적어도 대한민국에 사는 사람들은 그 말이 무엇을 가리키는지 알아듣고 이해해요. 다 같이 그렇게 부르기로 정했기 때문이지요. 글자를 적을 때도 마찬가지예요. 우리나라는 한글로써 우리말을 적을 때 지켜야 하는 약속인 '한글 맞춤법'이 있어요. 정해진 원칙과 규정에 맞추어 글자를 적어야 한답니다.

　만약 맞춤법을 지키지 않으면 어떻게 될까요? 나에게 간섭하지 말라는 의미로 "이래라저래라하지 마."라고 할 것을 "일해라절해라 하지 마."로 적었다고 생각해 보세요. '갑자기 왜 일도 하지 말고 절도 하지 말라는 거지?'라고 오해할 수 있어요. 자기 뜻을 잘 전달하기는커녕 의사소통이 제대로 될 리 없어요. 띄어쓰기도 마찬가지예요. "아버지가방에들어가신다."라고 적으면 아버지가 방에 들어가시는 건지, 가방에 들어가시는 건지 정확한 뜻을 알기가 어려워요.

　맞춤법과 띄어쓰기에 잘 맞추어서 쓴 글은 읽는 사람에게 말하고자 하는 바를 정확하게 전달할 뿐만 아니라 신뢰감을 줘요. 물론 맞춤법 실력은 하루아침에 늘지 않아요. 다양한 어휘를 알고, 뜻을 정확히 이해하다 보면 자연스럽게 어법에 맞는 글과 표현을 배울 수 있어요. 언어 실력을 기르는 방법으로 자주 보고 익히는 것만큼 좋은 건 없어요. 꾸준히 어휘 공부를 하면서 맞춤법에 맞게 쓴 글을 만나 보세요. 차차 글쓰기에도 자신감이 붙게 될 거예요!

차례

2장
모음을 알면 참맛

띄엄띄엄 실력…44
공포의 대물림…48
쩨쩨한 거래…52
엄청난 트림…56
다리를 오므려…60
가로세로 십자말풀이 ❷…64
큭큭! 어휘 수수께끼… 66

1장
받침을 알면 꿀맛

햅쌀과 사춘기…10
만반의 준비…14
늦깎이 대학생…18
의젓해진 이유…22
나루터는 어디?…26
흠집을 낸 범인…30
강낭콩의 실체…34
가로세로 십자말풀이 ❶…38
큭큭! 어휘 수수께끼… 40

3장
틀리기 쉬운 쓴맛

족집게 입맛…70
생뚱맞은 감탄…74
털북숭이 깽이…78
먼지떨이 어딨어?…82
성대모사는 어려워…86
소풍엔 주꾸미…90
가로세로 십자말풀이 ❸…94
큭큭! 어휘 수수께끼…96

4장

헷갈리기 쉬운 매운맛

공부는 싫증 나…100
대게 봉우리…104
물의를 빚는 텃세…108
전통 시장 만두 축제…112
재연은 하지 마…116
속 썩이는 사람…120
가로세로 십자말풀이 ④…124
큭큭! 어휘 수수께끼…126

5장

띄어쓰기 제맛

배 속이 간질간질…130
보고 싶은 모습…134
할 말이 없네…138
해 질 녘 느낌…142
다시 한번!…146
알 듯 말 듯 퀴즈…150
가로세로 십자말풀이 ⑤…154
큭큭! 어휘 수수께끼…156

6장

외래어 별맛

감동의 메시지…160
뷔페 다음 카페…164
슈퍼마켓 집 아들…168
난센스 아빠…172
칠순과 송년회…176
가로세로 십자말풀이 ⑥…180
큭큭! 어휘 수수께끼…182

✸ 십자말풀이 정답…184
✸ 어휘 찾아보기…186

EBS 초등  시리즈는?

어휘력이 좋으면 공부가 재미있어지고, 말솜씨와 글솜씨 모두 좋아져요.
〈EBS 초등 어맛 시리즈〉는 재미있는 어휘 뜻풀이와 문장 활용을 통해
어린이들의 표현력과 문장력을 길러 줄 거예요.
맛있는 음식을 먹고 기분이 좋아지는 것처럼, 다양한 어휘와 표현을 맛보면서
풍요로운 언어생활을 즐겨 보세요.

등장인물

민이

5학년. 장난기가 많지만, 악의는 없다.
불리할 때만 사춘기임을 내세운다.
먹는 걸 좋아하는 평범한 10대 소녀.
생활에서 종종 맞춤법을 틀리곤 한다.

산이

3학년. 똑 부러지는 성격을 지닌,
민이의 남동생. 누나가 잘못 쓰는
말을 자주 고쳐 준다.

댕이
민이와 산이와 함께 사는
반려 강아지.

준서

민이와 같은 반. 잘생긴 얼굴과 달리
이성에게 퇴짜를 맞는 경우가 잦다.
결정적인 순간에 머뭇거리고
약간 소심하다.

깽이
준서의 반려 토끼.
달에 있는 토끼를
만나는 게 꿈.

대봉

민이와 라임의 같은 반 친구.
맞춤법에 관해서 빠삭하다.
약간 잘난 척하는 면이 있다.

라임

민이의 절친.
말끝에 라임을 넣거나
맞추는 걸 좋아한다.

햅쌀(O) vs 햇쌀(X) *명사*

그해에 새로 난 쌀.

→ 추석 즈음 시장에 **햅쌀**이 나온다.

보통 '그해에 새로 난'이란 의미로 접두어 '해-', '햇'을 써요. 그래서 그해에 새로 난 콩은 '해콩', 새로 수확한 고구마는 '햇고구마'라고 하지요. 그런데 올해 새로 수확한 쌀을 가리켜 '햇쌀'이 아닌, '햅쌀'이라고 해요. 쌀은 원래 옛날 국어에서 '좁쌀', '찹쌀'처럼 첫머리에 'ㅂ' 받침이 있었어요. 그 음을 살려서 '햅쌀'로 쓴답니다.

숟가락(O) vs 숫가락(X) *명사*

밥이나 국 등을 떠먹는 데 쓰는 기구.

→ 왜 밥을 먹다 말고 **숟가락**을 내려놓니?

'숟가락'의 '숟'은 본디 '한 술, 두 술' 할 때의 '술'에서 나왔어요. 가늘고 긴 모양을 나타내는 '가락'이 합쳐져서 '술가락'으로 불리다가, 앞의 '술'이 더 강하게 발음되면서 '숟가락'이 되었어요. 참고로, 젓가락은 한자 '젓가락 저(箸)'와 우리말 '가락'이 합쳐진 말로, 중간에 사이시옷을 넣어 '젓가락'으로 적는답니다.

 이런 뜻이 있어요

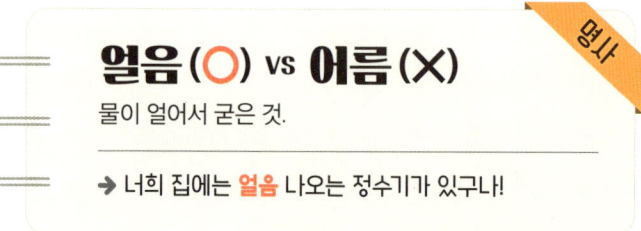

'움큼'은 손으로 한 줌 움켜쥘 만큼의 양을 말해요. 발음을 잘못해서 '웅큼'이라고 하기 쉬운데, 이 말은 비표준어예요. 헷갈리면 '움켜쥐는 것'을 생각해 보세요. '한 손으로 옴켜쥘 만한 분량을 세는 단위'는 '옴큼'이에요.

얼음(O) vs 어름(X) *명사*

물이 얼어서 굳은 것.

→ 너희 집에는 **얼음** 나오는 정수기가 있구나!

물이 꽁꽁 얼어서 된 것이 '얼음'이에요. 동사 '얼다'의 '얼-'과 명사를 만드는 접미사 '-음'이 합쳐진 말이에요. '어름'이라고 하면 다른 뜻이 돼요. 명사 '어름'은 '두 사물의 끝이 맞닿은 자리', '구역과 구역의 경계점' 등의 뜻이 있어요. "바닷물과 갯벌이 만나는 어름에서 지갑을 잃어버렸다."처럼 쓸 수 있어요.

어맛! 말맛 살리는 **어휘 양념 퀴즈**

※ 다음 글을 읽고 알맞은 말에 ○, ✕ 하세요.

❶ 하굣길 (   ) vs 하교길 (   )

"방과 후 ○○○을 생각하면 떡볶이가 떠올라."

😀 **힌트** '수업을 마치고 학교에서 집으로 돌아오는 길'이에요.

📎 하굣길(○) / 하교길(✕) '수업을 마쳐 학교에서 집으로 돌아옴'을 뜻하는 한자어 '하교(아래 下 + 학교 校)'와 순우리말 '길'이 합쳐진 말이에요. 합성어의 뒷말이 된소리 [낄]로 나기 때문에 사이시옷을 붙여서 써요. '등굣길', '등하굣길'도 마찬가지예요.

❷ 초점 (   ) vs 촛점 (   )

"너 지금 눈이 ○○을 잃은 것 같은데."

😀 **힌트** '눈에서 대상을 가장 똑똑하게 볼 수 있도록 맞추는 점'을 말해요.

📎 초점(○) / 촛점(✕) '초점(그을릴 焦 + 점찍을 點)'은 '사람들의 관심이 집중되는 대상이나 문제', '렌즈나 굴곡 있는 거울 등에 통과한 빛이 한곳으로 모이는 점' 등의 뜻이 있어요. 한자어로 된 말이므로 사이시옷이 붙지 않아요.

만반(○) vs 만발(✗) — 명사

(일만 萬 + 옮길 般)

마련할 수 있는 모든 것.

→ 즐거운 여행을 위해 **만반**의 준비를 했어.

흔히 '만반', '만반의'로 쓰여 '미리 갖출 수 있는 모든 것'을 뜻해요. 어떤 준비를 다 마련했을 때는 '만반의'라고 써야 해요. 참고로, '만발'은 '많은 꽃이 한꺼번에 피는 것'을 말해요.

머뭇거리지 말걸.

네 손에 들린 꽃만 만발했네.

과녁(○) vs 과녘(✗) — 명사

주로 총이나 활 등을 쏠 때 표적으로 세우는 물건.

→ 양궁 선수가 **과녁**의 한가운데에 화살을 명중시켰다.

'과녁'은 표적으로 세우는 물건 말고도 '어떤 일의 목표로 정한 대상'을 나타내기도 해요. "사람들이 그 애를 과녁으로 삼아 비난했다."처럼 쓸 수 있어요. 원말은 한자어 '관혁(꿸 貫 + 가죽 革)'으로, 후에 'ㅎ'이 탈락해서 '과녁'이 되었어요.

짝짝이 (○) vs 짝짜기 (✗)   명사

서로 짝이 아닌 것끼리 합하여 이루어진 한 벌.

→ 너 오늘 신발 **짝짝이**로 신고 온 거 알고 있어?

'짝짝이'는 원래 짝이 아닌, 다른 짝과 합하여 이루어진 것을 말해요. 끝소리가 분명하게 '-이'로 소리 나서 '짝짝이'라고 써요. '짝째기'나 '짝짜기'는 비표준어예요.

늑장 (○) vs 늦장 (○)   명사

느릿느릿하고 꾸물거리는 태도.

→ **늑장**을 부리다가 지각하고 말았다.
→ 뉴스에서 정부의 **늦장** 대응을 비판했다.

'늑장'과 '늦장'은 느릿느릿 꾸물거리는 걸 표현하는 말이에요. 이 두 말은 한 가지 의미를 나타내면서 널리 쓰이므로 복수 표준어로 규정하고 있어요.

어맛! 말맛 살리는 **어휘 양념 퀴즈**

※ 다음 글을 읽고 알맞은 말에 ○, ✕ 하세요.

❶ 꽃꽂이 (   ) vs 꽃꼬지 (   )

"집 근처 꽃집에 모여서 ○○○를 배우기로 했어."

😀 **힌트** '꽃이나 나뭇가지 등을 꽃병이나 바구니에 보기 좋게 꾸며 꽂는 일'을 말해요.

🔖 **꽃꽂이(○) / 꽃꼬지(✕)** '꽃꽂이'는 '꽃'과 '빠지지 않게 세우거나 끼우다'를 뜻하는 '꽂다'에 명사를 만드는 접미사 '-이'가 붙어서 생겨난 말이에요. [꼳꼬지]로 발음해서 '꽃꼬지'라고 쓰는 경우가 있지만, 이는 틀린 표현이에요.

❷ 꼿꼿이 (   ) vs 꼳꼳이 (   )

"허리를 ○○○이 세우고 의자에 바르게 앉아라."

😀 **힌트** '사람의 자세나 서 있는 사물이 굽지 않고 곧게'를 뜻해요.

🔖 **꼿꼿이(○) / 꼳꼳이(✕)** '꼿꼿이'는 '휘거나 구부러지지 아니하고 단단하다'를 뜻하는 '꼿꼿하다'에 부사를 만드는 접미사 '-이'가 붙은 말이에요. 비슷한 말에는 '꿋꿋이'가 있어요.

깍듯이(O) vs 깎듯이(X) — 부사

매우 예의가 바르게.

→ 앞으로 나를 형님으로 **깍듯이** 모시도록 해.

'예의를 갖추는 태도가 분명하다'란 뜻이 있는 '**깍듯하다**'의 부사어가 '**깍듯이**'예요. 비슷한 말로는 '정중히', '극진히'가 있어요. '껍질을 벗겨내다'의 뜻이 있는 '깎다'와는 전혀 관계없는 말이에요.

연필깎이(O) vs 연필깍기(X) — 명사

연필을 깎는 데 쓰는 도구.

→ **연필깎이**로 연필을 깎으면 편할 텐데.

'연필깎이'의 '깎이'는 '껍질을 벗겨내다'의 뜻이 있는 '**깎다**'의 '깎-'과 '~하는 사람이나 사물'의 뜻을 만드는 접미사 '-이'가 합쳐진 말이에요. '연필깍기'라고 잘못 쓰는 경우가 많은데, 이때의 접미사인 '-기'는 '~하는 행위'를 나타내는 표현이므로 사물의 뜻을 포함하고 있지 않아요.

 이런 **뜻**이 있어요

늘그막(O) vs 늙으막(X) _명사_

늙어 가는 무렵.

→ 내가 **늘그막**에 대학에 들어갔지 뭐야.

'늘그막'은 '노년', '만년'처럼 '늙어 가는 때'를 가리키는 말이에요. 흔히 '늙다'를 생각해서 '늙으막'으로 쓰는 경우가 많은데, 이는 틀린 표현이에요. 참고로, **'늘그막'의 준말은 '늙마'랍니다.**

늦깎이(O) vs 늦깍이(X) _명사_

어떤 일을 보통 사람보다 늦게 시작한 사람.

→ 나이 육십이 되어서야 대학 공부를 시작한 **늦깎이**예요.

'늦깎이'는 '늦은'을 뜻하는 '늦-'에 '깎다'의 '깎-'과 '-이'가 합쳐진 말이에요. 본래 '나이가 많이 들어서 승려가 된 사람'을 뜻했어요. **남들보다 늦게 머리를 깎고 산에 들어간 경우이지요.** 이 말이 확장되어 '남보다 늦게 깨달음을 얻은 사람', '과일이나 채소 따위가 늦게 익은 것' 등도 '늦깎이'라고 해요. 읽을 때는 [늗까끼]라고 한답니다.

어맛! 말맛 살리는 **어휘 양념 퀴즈**

※ 다음 글을 읽고 알맞은 말에 ◯, ✕ 하세요.

❶ 구레나룻 (   ) vs 구렛나루 (   )

"아빠는 덥수룩한 ◯◯◯◯이 인상적이야."

😀 **힌트** '귀밑에서 턱까지 이어서 난 수염'을 뜻해요.

👉 **구레나룻(◯) / 구렛나루(✕)** '구레'는 '소나 말의 목에서 고삐까지 얽어매는 줄'을 나타내는 '굴레'의 옛말이고, '나룻'은 '수염'을 뜻해요. 이 두 말이 합쳐져서 '구레나룻'이 되었어요. '구렛나루'는 잘못된 말이랍니다.

❷ 머리숱 (   ) vs 머리숯 (   )

"나는 ◯◯◯이 풍성한 산이가 정말 부러워."

😀 **힌트** '머리카락의 양'을 말해요.

👉 **머리숱(◯) / 머리숯(✕)** '머리숱'은 '머리카락'을 뜻하는 '머리'와 '머리털 따위의 부피나 분량'을 나타내는 '숱'이 합쳐진 말이에요. 간혹 '머리숫', '머리슻' 등으로 쓰는 경우가 있는데, 모두 틀린 표현이에요.

귀고리(O) vs 귀걸이(O) — 명사

귀에 다는 장식품.

→ 시상식에 참석한 여배우가 짝짝이 **귀고리**를 달고 있었다.
→ 귀를 뚫지 않아도 **귀걸이**를 할 수 있어.

'귓불에 다는 장식품'을 가리켜 '귀고리', '귀걸이'라고 해요. 이 중 '귀걸이'는 귀에 거는 다른 것들을 표현할 때도 써요. 예를 들어, '귀가 시리지 않게 귀를 덮는 물건'이나 '안경다리 대신 실로 꿰어서 귀에 거는 안경' 등을 표현할 때도 쓰지요. '귀거리'라는 말은 없으니, 주의하세요.

옷걸이(O) vs 옷거리(X) — 명사

옷을 걸어 둘 수 있게 만든 물건.

→ 집에 들어오면 겉옷부터 **옷걸이**에 걸어 두렴.

말 그대로 옷을 걸어 두는 물건을 표현할 때는 '옷걸이'를 써요. 그런데 '옷을 입는 모양새'를 말할 때는 '옷거리'라고 쓴답니다. 예를 들어 "준서는 어깨가 넓어서 옷거리가 참 좋구나."처럼 표현할 수 있어요.

책거리(O) vs 책걸이(X)

(책 册) **명사**

책 한 권을 다 공부하고 난 뒤에 이를 기념하는 일.

→ 1학기가 끝나고 **책거리** 겸 피자 파티를 했다.

옛날에 서당에서 학생이 책 한 권을 읽어서 다 떼면 그걸 기념하기 위해 스승과 친구들에게 한턱내는 일이 있었어요. 이를 가리켜 '책거리' 또는 '책씻이'라고 한답니다. '책걸이'는 '책의 한 귀에 구멍을 뚫고 고리를 만들어 나란히 걸 수 있도록 못을 박은 것'을 말해요.

며칠날(O) vs 며칟날(X)

명사

며칠의 본말.

→ 학예회가 몇 월 **며칠날**이었는지 기억나니?

'며칠날'은 '그달의 몇째 되는 날'을 가리키는 '며칠'의 본말이에요. 이를 '몇일날', '며칫날', '며칟날' 등으로 쓰는 경우가 많은데, 표준어는 '며칠날' 하나랍니다.

어맛! 말맛 살리는 **어휘 양념 퀴즈**

※ 다음 글을 읽고 알맞은 말에 ◯, ✕ 하세요.

❶ 의젓하다 (   ) vs 의젖하다 (   )

"10분 차이 나는 쌍둥이지만 형이라고 ◯◯◯◯."

😀 힌트 '말이나 행동 등이 점잖고 무게가 있다'는 뜻이에요.

🔖 의젓하다(◯) / 의젖하다(✕) '의젓하다'와 비슷한 말로는 '늠름하다', '듬직하다' 등이 있어요. '버젓하다', '어엿하다'처럼 받침에 시옷(ㅅ)이 들어가는데, 이를 '의젖하다'로 잘못 알고 있는 경우가 많아요.

❷ 조그마하다 (   ) vs 조그만하다 (   )

"고사리 같은 ◯◯◯◯ 손으로 무얼 그리니?"

😀 힌트 '조금 작거나 적다'를 뜻해요.

🔖 조그마하다(◯) / 조그만하다(✕) '조그마하다'는 '별로 대단하지 않다'의 뜻도 있어요. 준말은 '조그맣다'이고, 비슷한 말에 '자그마하다', '자그맣다'가 있지요. '조그마한'을 활용할 때 '조그만'으로 줄이는 건 잘못된 표현이므로, 주의하세요.

벚꽃(○) vs 벗꽃(✗) — 명사
봄에 벚나무에서 피는 연분홍이나 흰 빛깔의 꽃.

➡ 만발했던 **벚꽃**이 비가 내리는 바람에 다 져 버렸다.

'벚꽃'은 '벚나무의 꽃'이에요. 봄에 흰색이나 분홍색으로 화사하게 피어나지요. 발음이 같다고 해서 '벗꽃'이라고 적으면 틀려요. 참고로, 벚나무의 열매는 '버찌'라고 해요.

어제저녁에 벚꽃놀이하는데 이상한 일이….

헉, 무슨 일인데?

저물녘(○) vs 저물녁(✗) — 명사
해가 져서 어두워질 무렵.

➡ 바닷가에서 **저물녘**에 보는 석양은 정말 근사해.

'저물녘'은 '해가 져서 어두워지다'를 뜻하는 '저물다'와 방향을 가리키는 의존 명사 '녘'이 합쳐진 말이에요. '녘'은 일부 명사나 어미 '—을' 뒤에 쓰여 '어떤 때의 무렵'을 나타내요. 저물녘', '새벽녘', '저녁녘' 등은 합성어로 인정받아서 붙여 쓰지만, '아침 녘', '황혼 녘', '동틀 녘' 등은 합성어로 인정받지 못해서 띄어 써요.

 이런 뜻이 있어요

오지랖(O) vs 오지랍(X) — 명사
웃옷이나 윗도리에 입는 겉옷의 앞자락.

➜ 넌 왜 그렇게 **오지랖**이 넓니?

'**오지랖**'은 윗도리에 입는 겉옷을 가리키는 순우리말이에요. 이게 넓으면 안에 있는 옷을 감싸는 경우가 있는데, 그 때문에 '오지랖이 넓다'라고 하면 '쓸데없이 아무 일에나 지나치게 참견하는 면이 있다'의 뜻으로 쓰여요. '오지랍'은 틀린 표기예요.

칠흑(O) vs 칠흙(X) — 명사
(옻칠 漆 + 검을 黑)
옻칠을 한 것처럼 검고 광택이 있음. 또는 그런 빛깔.

➜ 정전으로 온 동네가 **칠흑**같이 어두워졌다.

'**칠흑**'은 아주 어두운 걸 표현할 때 자주 써요. '칠흙'으로 잘못 쓰는 경우가 많은데, 그렇게 되면 '흙의 빛깔'이 되므로 원뜻과 멀어져요. **어원이 더 가깝고 널리 쓰이는 '칠흑'을 표준어로 삼고 있어요.**

어맛! 말맛 살리는 **어휘 양념 퀴즈**

※ 다음 글을 읽고 알맞은 말에 ◯, × 하세요.

❶ 굽이굽이 (   ) vs 구비구비 (   )

"강물이 산 ◯◯◯◯를 휘감아 돌았어."

😀 힌트 '휘어서 굽은 모든 곳'을 뜻하는 말이에요.

🔖 **굽이굽이(◯) / 구비구비(×)** '굽이굽이'를 소리 나는 대로 '구비구비'라 적는 경우가 많은데, 이는 틀린 표현이에요. '굽이굽이'는 여러 굽이로 구부러진 것으로, 원형을 잘 살려 적어야 해요.

❷ 나루터 (   ) vs 나룻터 (   )

"◯◯◯에 가면 나룻배가 기다리고 있을 거야."

😀 힌트 '나룻배가 닿고 떠나는 일정한 공간'을 뜻해요.

🔖 **나루터(◯) / 나룻터(×)** '나루터'는 '나루'와 '터'가 합쳐진 순우리말이에요. 그래서 사이시옷이 들어가지 않아요. 참고로 나루와 나루 사이를 오가는 '나룻배'는 순우리말 합성어에서 뒷말의 첫소리가 된소리로 나기 때문에 사이시옷을 적어요.

흠집(O) vs 흠짓(X) — 명사
(하품 欠)

흠이 생긴 자리나 흔적.

→ 휴대폰을 바닥에 떨어뜨려서 **흠집**이 생겼어.

'흠집'은 '어떤 물건이 깨지거나 상한 자국'을 나타내는 **'흠'과 '그것이 생긴 자리' 또는 '그것의 흔적'이**란 뜻을 더하는 접미사 '-집'이 합쳐진 말이에요. '흠짓'이나 '힘짓'으로도 많이 쓰는데, 이는 잘못된 표현이에요.

내 기타에 흠집을 낸 사람은 바로 민이, 너야!

어째서죠?

어물쩍(O) vs 어물쩡(X) — 부사

말이나 행동 등을 일부러 분명하게 하지 않고 적당히 넘기는.

→ 알쏭달쏭한 말로 **어물쩍** 넘어갈 생각하지 마.

'어물쩍'은 말이나 행동이 분명하지 않고 일부러 살짝 얼버무리는 모양을 나타낸 말로, 비슷한 표현에는 '슬쩍', '적당히', '우물쩍' 등이 있어요. **'어물쩡'은 경상도 지방의 사투리예요.**

 이런 뜻이 있어요

따님(O) vs 딸님(X) — 명사

다른 사람의 딸을 높여 부르는 말.

→ 세상에, 똑똑한 **따님**을 두셔서 행복하시겠어요.

'따님'은 '딸'과 '-님'이 합쳐진 말로, 끝소리가 'ㄹ'인 말과 딴 말이 어울릴 때는 'ㄹ' 소리가 나지 않는 것은 안 나는 대로 적는다는 한글 맞춤법 규정에 따라서 'ㄹ'을 빼고 적어요. 이 같은 단어로는 '마소(말소)', '바느질(바늘질)' 등이 있어요.

무릅쓰다(O) vs 무릎쓰다(X) — 동사

힘들고 어려운 상황을 참고 견디다.

→ 아픈 다리를 **무릅쓰고** 아이돌 콘서트에 갔어.

'무릅쓰다'는 옛말 '무롭스다'에서 왔어요. 어렵고 고된 일을 그대로 참고 견디는 것으로, '인내하다', '각오하다' 등과 비슷한 뜻으로 쓰여요. '무릎쓰다'는 잘못된 표현이에요. 우리 몸의 허벅지와 종아리 사이에 둥글게 튀어나온 부분이 '무릎'이에요. '무릅쓰다'와는 관계없어요.

어맛! 말맛 살리는 **어휘 양념 퀴즈**

※ 다음 글을 읽고 알맞은 말에 ◯, ✕ 하세요.

❶ 빈털터리 (   ) vs 빈털털이 (   )

"놀부는 재산을 다 잃고 ◯◯◯◯ 신세가 됐어."

😊 힌트 '재산을 다 잃어 아무것도 가진 것이 없게 된 사람'을 이르는 말이에요.

🔖 빈털터리(◯) / 빈털털이(✕) '빈털터리'는 '가난뱅이가 된 사람'을 말해요. 한마디로 가진 것 다 잃고 탈탈 털린 사람이지요. 그렇다고 '빈털털이'로 쓰면 안 돼요. 이 말은 어원을 밝힐 수 없어서 소리 나는 대로 적도록 규정하고 있어요.

❷ 얼마큼 (   ) vs 얼만큼 (   )

"너 한 달에 군것질 비용으로 ◯◯◯ 쓰니?"

😊 힌트 '얼마만큼'의 준말이에요.

🔖 얼마큼(◯) / 얼만큼(✕) '얼마큼'은 '수량이나 수준이 어느 정도인지를 묻는 말'이에요. 또는 "헤어지고 나서야 네가 얼마큼 소중한지 알았어."처럼 '정도가 대단하다는 점을 강조하는 말'로도 쓰여요. '얼만큼'은 잘못 쓰는 비표준어예요.

 이런 뜻이 있어요

강낭콩(O) vs 강남콩(X) *명사*

긴 껍질에 흰색이나 분홍색, 또는 갈색의 길쭉하고 큰 콩이 들어 있는 식물. 또는 그 콩.

→ 과학 시간에 심은 **강낭콩** 화분에서 싹이 올라왔어.

'강낭콩'은 콩과의 한해살이풀이에요. 예전에는 '강남콩'이 옳은 표현이었어요. 그러다 1988년 한글 맞춤법이 개정되면서 '어원이 멀어진 형태로 굳어져 널리 쓰이는 말'을 표준어로 삼게 되었고, '강낭콩'으로 표기하게 되었어요.

그거 알아? 토끼는 처음에 눈 묽은 똥을 먹어야 영양소를 얻을 수 있어. 이 콩 같은 건 두 번째로 눈 똥이야.

안 궁금하거든.

얼루기(O) vs 얼룩이(X) *명사*

얼룩얼룩한 점이나 무늬. 또는 그런 점이나 무늬가 있는 짐승이나 물건.

→ 우리 집 고양이는 군데군데 까만 털이 있는 **얼루기**야.

한글 맞춤법 규정에 '-하다', '-거리다'가 붙을 수 없는 어근에 '-이'가 붙어서 명사가 된 것은 그 원형을 밝혀 적지 않는다는 원칙이 있어요. 그래서 '얼룩이'라고 적지 않고 '얼루기'로 적어요. '개구리', '뻐꾸기'도 그런 예랍니다.

 이런 뜻이 있어요

이튿날(O) vs 이튼날(X)

어떤 일이 있은 그다음의 날.

→ 밤새 앓다가 **이튿날** 학교에 갈 때가 되자 싹 나았다.

'이튿날'은 '이틀 + 날'의 합성어로, 중세 국어에서는 '이틋날'로 표기했어요. 발음할 때 [이틀날]이 아닌, [이튼날]로 하지요. 이 발음 때문에 '이튼날'로 잘못 적는 경우가 많은데, **끝소리가 'ㄹ'인 말과 딴 말이 어울릴 적에 'ㄹ' 소리가 'ㄷ' 소리로 나는 것은 'ㄷ'으로 적는다**는 원칙에 따라 '이튿날'로 적어야 해요.

곁눈질(O) vs 옆눈질(X)

고개를 움직이지 않고 눈알만 살짝 움직여서 옆을 봄.

→ 너희, **곁눈질**로 시선을 주고받는 거 다 봤어.

'곁눈질'은 바로 보지 않고 곁눈으로 힐끔 보는 거예요. 곁눈을 마치 **옆으로 본다고 생각하여 '옆눈질'로 쓰는 경우가 많은데, 이는 비표준어예요.**

어맛! 말맛 살리는 **어휘 양념 퀴즈**

※ 다음 글을 읽고 알맞은 말에 ○, × 하세요.

❶ 다달이 (   ) vs 달달이 (   )

"방세를 ○○○ 내야 하는 부담이 있어."

😀 **힌트**) '각가의 달마다'의 뜻이에요.

🔖 다달이(○) / 달달이(✕) '다달이'는 '매달', '매월'과 같은 말이에요. '달+달+이'가 합쳐진 말로, 끝소리가 'ㄹ'인 말과 딴 말이 어울릴 적에 'ㄹ' 소리가 나지 않는 것은 안 나는 대로 적는다는 규정에 따라 '다달이'로 적어요. 참고로, '매일매일'을 뜻하는 '나날이'도 그렇답니다.

❷ 일찍이 (   ) vs 일찌기 (   )

"번지 점프는 ○○○ 겪어 보지 못했던 짜릿한 경험이었어."

😀 **힌트**) '예전에. 또는 전에 한 번'의 뜻이에요.

🔖 일찍이(○) / 일찌기(✕) '일찍이'는 부사 '일찍'에 '-이'가 붙어서 뜻을 더한 말로, 이때는 <u>부사의 원형을 밝히어 적어야 해요</u>. 또한 끝소리도 분명히 '-이'로 나기 때문에 '일찌기'로 적으면 안 돼요. '일찍이'처럼 부사에 '-이'가 붙어 뜻을 더한 말에는 '더욱이'가 있어요.

31

가로세로 십자말풀이 ①

가로 풀이

① 물이 얼어서 굳은 것.
③ 책 한 권을 다 공부하고 난 뒤에 이를 기념하는 일.
⑤ 귀밑에서 턱까지 이어서 난 수염.
⑦ 산이나 바다, 강 등의 밑을 뚫어서 기차나 자동차가 지나다닐 수 있게 만든 통로.
⑧ 봄철에 벚나무에서 피는 연분홍이나 흰 빛깔의 꽃.
⑩ 휘어서 굽은 모든 곳을 뜻하는 말.
⑪ 느릿느릿하고 꾸물거리는 태도. 늑장.
⑬ 사람이나 동물 또는 식물 등이 세상에 나서 살아온 햇수.

세로 풀이

② 음악에 관련된 책. 또는 학교나 학원에서 음악 교재로 사용하기 위하여 만든 책.
④ 물체의 모양을 비추어 보는 얇고 평평한 물건.
⑥ 강이나 좁은 바닷길을 건너는 배가 출발하고 도착하는 자리와 그 주변 공간.
⑨ 꽃이나 나뭇가지 등을 꽃병이나 바구니에 보기 좋게 꾸며 꽂는 일.
⑪ 어떤 일을 보통 사람보다 늦게 시작한 사람.
⑫ 서로 짝이 아닌 것끼리 합하여 이루어진 한 벌.

큭큭! 어휘 수수께끼

❶ 들어갈 때 잔뜩 짊어지고, 나올 때는 빈털터리인 것은?

❷ 따뜻한 손으로 만지면 눈물을 흘리는 것은?

❸ 두드리면 두드릴수록 상대가 더 좋아하는 것은?

❹ 북은 북인데 살아 있는 북은?

❺ 봄에 피는 벚꽃과 달리 계절 관계없이 사시사철 피는 기분 좋은 꽃은?

❻ 빨갛게 불타도 연기가 나지 않는 것은?

정답
① 콩나라 ② 완두 ③ 오이 ④ 가지 ⑤ 옥수수
⑥ 마늘 ⑦ 배추, 상치(추), 양파 ⑧ 기둥
⑨ 장기바둑 ⑩ 손톱, 머리카락 ⑪ 수염 ⑫ 장난꾸러기

---

❼ 오늘도 저물녘이고, 내일도 저물녘인 한자는?

❽ 집 안에 꼿꼿이 버티고 서서 인사도 안 하는 것은?

❾ 둘이서는 일해도 혼자서는 못하는 것은?

❿ 깎으면 깎을수록 길어지는 것은?

⓫ 젊어서는 까맣고 늘그막에 하얀 것은?

⓬ 벌레 중에서 가장 신나는 벌레는?

띄엄띄엄(○) vs 띠엄띠엄(✕) — 부사

사이가 가까이 있지 않고 조금 떨어져 있는 모양을 나타내는 말.

→ 객석에 관객들이 **띄엄띄엄** 앉아 있었다.

'띄엄띄엄'은 '계속 이어서 하지 않고 일정한 간격을 두고 하는 모양'을 나타내기도 해요. 비슷한 말에는 '드문드문'이 있어요. 또 '움직임 따위가 느릿느릿한 모양'을 나타낼 때도 쓰여요. '띠엄띠엄'으로 잘못 쓰는 일이 많은데, 이는 비표준어랍니다.

뭉게구름(○) vs 뭉개구름(✕) — 명사

솜을 쌓아 놓은 것처럼 뭉게뭉게 피어올라 윤곽이 확실한 큰 구름.

→ 저 멀리 피어오른 **뭉게구름**이 솜사탕 같지 않니?

'뭉게구름'은 밑이 비교적 평평하고 꼭대기는 솜을 쌓아 놓은 듯 뭉실뭉실하게 생긴 구름이에요. '적운' 또는 '쌘구름', '산봉우리구름'이라고도 해요. '연기나 구름 따위가 크게 덩어리를 이루는 모양'이나 '생각이나 느낌이 자꾸 일어나는 모양'을 가리켜 '뭉게뭉게'라고 해요. '뭉게구름'을 '뭉개구름'으로 쓰지 않도록 주의하세요.

본뜨다(O) vs 본따다(X) 〔동사〕

(근본 本) 무엇을 본으로 삼아 그대로 만들다.

→ 어제 집에서 동물 모양을 **본뜬** 쿠키를 만들었어.

'본뜨다'는 '이미 있는 것을 그대로 따라서 만들다'란 뜻 외에 '무엇을 본보기로 하여 그대로 따라 하다'의 뜻이 있어요. "아이들은 부모의 행동을 본떠서 해요."처럼 쓸 수 있지요. **'본따다'란 말은 없어요.** '본떠', '본뜨니'로 활용되지요.

으스대다(O) vs 으시대다(X) 〔동사〕

어울리지 않게 우쭐거리며 뽐내다.

→ 대봉이가 최신 게임기를 샀다며 온종일 **으스댔다**.

'으스대다'와 비슷한 말에는 '우쭐대다', '뽐내다', '미울 정도로 잘난 척하며 자랑하다'의 뜻을 가진 '뻐기다'가 있어요. '으스대어', '으스대니'처럼 활용돼요. **'으시대다'는 잘못된 표현이에요.**

어맛! 말맛 살리는 어휘 양념 퀴즈

※ 다음 글을 읽고 알맞은 말에 〇, ✕ 하세요.

❶ 끼어들면 (　) vs 끼여들면 (　)

"우리 대화 중에 불쑥 〇〇〇〇 어떡해?"

😊 힌트 '다른 사람의 자리나 순서를 비집고 들어서다'의 뜻이에요.

💬 **끼어들다(〇) / 끼여들다(✕)** '어떤 틈 사이를 비집고 들어가다'는 '끼어들다'예요. '끼어들어', '끼어드니' 등으로 활용되지요. 발음은 [끼어들다/끼여들다] 다 되지만, 표기할 때는 '끼어들다'만 써요. 준말은 '껴들다'예요.

❷ 귀띔 (　) vs 귀띰 (　)

"생일이라고 미리 〇〇이라도 해 주지 그랬어."

😊 힌트 '어떤 일에 대해 상대방이 알 수 있도록 미리 슬그머니 말해 줌'을 뜻해요.

💬 **귀띔(〇) / 귀띰(✕)** '귀띔'은 상대가 알아차릴 수 있도록 미리 일깨워 주는 거예요. '귀띔'에서 '띔'은 '띄다'에 명사형 '-ㅁ'이 합쳐진 말이에요. 발음을 [귀띰]으로 한다고 해서 '귀띰'으로 잘못 적으면 안 돼요.

요새(○) vs 요세(✕) — 명사

얼마 전부터 이제까지의 매우 짧은 동안.

→ 너 **요새** 못 본 동안 살이 많이 빠졌구나.

'요새'는 '요사이'의 준말이에요. '사이'가 줄어든 말이므로 '요새'라고 써야 해요. '그사이'를 '그새', '밤사이'를 '밤새'라 쓰는 것과 같아요. 비슷한 말에는 '근래', '근간' 등이 있어요.

깨작거리다(○) vs 께작거리다(✕) — 동사

내키지 않은 음식을 억지로 느리게 먹다.

→ 무슨 밥을 그렇게 **깨작거리면서** 먹니?

'깨작거리다'는 먹기 싫은 음식을 천천히 억지로 먹는 거예요. 본말은 '깨지락거리다'로, '어떤 일을 할 생각이 없는 것처럼 게으르고 답답하게 행동하다'의 뜻도 있어요. "깨작거리지 말고 신속하게 대응하길 바란다."처럼 쓸 수 있지요. '께작거리다'는 잘못된 표현이에요.

움츠리다(○) vs 움추리다(✗)   동사

몸을 오그리어 작아지게 하다.

→ 날이 너무 추워서 그런지 어깨를 잔뜩 **움츠리고** 있다.

'움츠리다'는 몸을 작게 만드는 뜻 외에 '겁을 먹거나 두려움에 기가 몹시 꺾이거나 풀이 죽다'의 뜻도 있어요. "무서운 형의 기에 눌려 움츠리며 살아왔다."처럼 쓸 수 있어요. **준말은 '움치다'이고, 작은말은 '옴츠리다'예요.** '움추리다'로 쓰는 경우가 있으나 이는 비표준어예요.

메슥거리다(○) vs 미식거리다(✗)   동사

토할 것처럼 속이 자꾸 울렁거리다.

→ 속이 **메슥거리고** 어지러워서 보건실에 가서 누워 있었다.

'메슥거리다'는 속이 심하게 울렁거릴 때 써요. 작은말은 '매슥거리다'이고, 비슷한 말은 '메슥대다', '메슥메슥하다'예요. '미식거리다', '메식거리다', '미슥거리다'처럼 쓰는 경우가 많으나, **'메슥거리다'만 표준어로 삼아요.**

어맛! 말맛 살리는 **어휘 양념 퀴즈**

※ 다음 글을 읽고 알맞은 말에 ○, × 하세요.

❶ 추스르고 (   ) vs 추스리고 (   )

"천천히 몸을 ○○○○ 건강한 모습으로 만나자."

😀 **힌트** '몸을 가누어 움직이다'의 뜻이에요.

🔖 **추스르다(○) / 추스리다(×)** '추스르다'는 '위로 끌어 올려 다루다', '일이나 감정 등을 가라앉혀 바로잡다'의 뜻도 있어요. 비슷한 말에 '가다듬다'가 있지요. '추스리다', '추슬리다'는 비표준어임을 명심하세요.

❷ 대물림 (   ) vs 되물림 (   )

"우리 집은 ○○○으로 이어받은 땅이 엄청나게 많아."

😀 **힌트** '물건이나 가업 등을 자손에게 남겨 주어 자손이 그것을 이어 나감'의 뜻이에요.

🔖 **대물림(○) / 되물림(×)** '대(대신할 代)물림'은 어떤 사물이나 가업 등을 대대로 그 자손에게 물려준다는 뜻이에요. 비슷한 말에 '상속'이 있어요. '이미 행한 일을 그 전으로 돌리게 하다'를 뜻하는 '물리다'와 헷갈려서 '되물림'으로 쓰는 일이 많은데, 이는 틀린 말이에요.

알맹이 (○) vs 알멩이 (✕) — 명사

물건의 껍데기나 껍질 속에 들어 있는 부분.

→ 속껍질을 벗기고 **알맹이**만 먹어 봐.

'알맹이'는 '어떤 사실이나 사물의 핵심이 되는 중요한 부분'을 뜻하기도 해요. "이야기 속에 알맹이가 없는 것 같아."처럼 쓸 수 있지요. 비슷한 말에는 '사물이나 사건의 중심이 되는 요점'을 뜻하는 '정수'가 있어요. **'알멩이'로 잘못 쓰지 마세요.**

마구잡이 (○) vs 마구잽이 (✕) — 명사

이것저것 생각해 보지 않고 마구 하는 짓.

→ 아무거나 **마구잡이**로 집어 먹었더니 배탈이 났나 봐.

'마구잡이'는 앞뒤를 헤아리지 않고 닥치는 대로 하는 행동이에요. **주로 '마구잡이로' 꼴로 쓰여요.** '마구잽이'나 '막잡이', '마구다지'로 쓰는 경우가 있는데, 이는 비표준어예요. 비슷한 말에는 '생잡이'가 있어요.

 이런 뜻이 있어요

돌멩이 (O) vs 돌맹이 (X) [명사]
손에 쥘 수 있을 만한 크기의 돌.

→ 납작하고 작은 **돌멩이**가 물수제비 뜨기에는 딱 좋아.

크기가 작은 돌을 두루두루 가리켜 '돌멩이'라고 해요. '알맹이'나 '꼬맹이'란 말 때문에 '돌멩이'도 '돌맹이'로 쓰는 경우가 있는데, 이는 비표준어예요. 헷갈리지 않도록 주의하세요.

쩨쩨하다 (O) vs 째째하다 (X) [형용사]
사람이 좀스럽고 인색하다.

→ 너 진짜 치사하고 **쩨쩨하기로** 세계 1등 같아.

'쩨쩨하다'는 본래 '너무 적거나 하찮아서 시시하다'란 뜻이에요. "이렇게 쩨쩨한 장사로는 큰돈을 벌 수 없어."처럼 쓸 수 있지요. 비슷한 말에는 '치사하다'가 있어요. 째째하다로 쓰는 경우가 많은데, 이는 비표준어예요.

어맛! 말맛 살리는 어휘 양념 퀴즈

※ 다음 글을 읽고 알맞은 말에 ○, ✕ 하세요.

❶ 베끼다니 (　) vs 배끼다니 (　)

"내 그림을 그대로 ○○○○, 용서할 수 없어."

😀 **힌트** '글이나 그림 등을 그대로 옮겨 적거나 그리다'의 뜻이에요.

📖 **베끼다(○) / 배끼다(✕)** '베끼다'는 '베끼어', '베끼니'로 활용해요. 비슷한 말에는 '모사하다', '복사하다' 등이 있어요. '배끼다'는 없는 표현이니, 헷갈리지 마세요.

❷ 베개 (　) vs 벼개 (　)

"새로 바꾼 ○○가 너무 높아서 목이 아프다."

😀 **힌트** '잠을 자거나 누울 때 머리를 괴는 물건'을 말해요.

📖 **베개(○) / 벼개(✕)** '베개'를 옛말인 '벼개'로 쓰는 경우가 많은데, '베개'만 표준어로 삼아요. 이 말은 '누울 때 머리 아래에 받치다'를 뜻하는 '베다'와 동사 뒤에 붙어서 '그러한 행위를 하는 간단한 도구'를 뜻하는 접미사 '-개'가 합쳐진 말로 이해하면 쉬워요.

찌개(○) vs 찌게(✗) — 명사

뚝배기나 작은 냄비에 국물을 적게 하여 고기나 두부, 채소 등을 넣고, 고추장이나 된장, 젓국 등으로 간을 맞추어 끓인 반찬.

→ 넌 된장**찌개**가 좋아, 김치**찌개**가 좋아?

'찌개'는 국보다 국물이 적게 하여 끓인 음식으로, 동사 '찌다'에 명사를 만드는 접미사 '-개'가 붙어서 된 말이에요. '찌게'라고 잘못 쓰는 일이 많은데 주의하세요.

이게 요리한 거라고?

원래 먹다 남은 찌개와 피자가 제일 맛있어요.

들이켜다(○) vs 들이키다(✗) — 명사

물이나 음료 등을 단숨에 마구 마시다.

→ 목이 탔는지 물을 벌컥벌컥 **들이켰다**.

'들이켜다'는 물을 한 번에 쉬지 않고 마시는 것 외에 '공기나 숨 등을 세게 들이마시다'란 뜻도 있어요. '들이키다'는 '안쪽으로 가까이 옮기다'의 뜻이 있어요. 숨이나 공기, 음료를 마구 마실 때는 꼭 '들이켜다'를 써야 해요.

 이런 뜻이 있어요

야금야금(○) vs 야곰야곰(✗) — 부사
음식 등을 자꾸 입안에 넣고 조금씩 먹어 들어가는 모양.

→ 민이는 빵을 한꺼번에 먹지 않고 **야금야금** 뜯어 먹는다.

'야금야금'은 '물건이나 돈을 조금씩 써 없애는 모양'이나 '남모르게 조금씩 행동하는 모양'을 나타낼 때도 써요. "용돈을 야금야금 다 썼다."처럼요. 더러 '야곰야곰'이라 쓰는 일이 있는데 이는 비표준어예요.

트림(○) vs 트름(✗) — 명사
먹은 음식이 잘 소화되지 않아서 생긴 가스가 입으로 나오는 것.

→ 마늘장아찌를 먹고 자꾸 **트림**이 나서 혼났어.

'트림'은 음식을 먹을 때 입에 들어간 공기가 위에서 모였다가 식도를 통해 나오는 가스예요. 소화 과정에서 나오는 자연스러운 현상이지요. '트름', '트럼'이라고 말하는 경우가 많은데, 정확한 표현은 '트림'이에요.

어**맛**! 말**맛** 살리는 **어휘 양념 퀴즈**

※ 다음 글을 읽고 알맞은 말에 ○, X 하세요.

❶ 아니요 (　) vs 아니오 (　)

"당신이 마피아입니까? 예, ○○○로 대답하세요."

😊 힌트 윗사람이 묻는 말에 부정하여 대답할 때 쓰는 말이에요.

🔖 **아니요(○) / 아니오(X)** 어떤 물음에 부정하여 답할 때는 '아니요'를 쓰고, 준말은 '아뇨'예요. '아니오'는 "나는 범인이 아니오."처럼 한 문장의 서술어로만 쓰여요. 긍정하여 답하는 '예'에 상대되는 말은 '아니요'임을 잊지 마세요.

❷ 해롱해롱 (　) vs 헤롱헤롱 (　)

"아빠가 술에 취해 ○○○○ 집에 들어왔어."

😊 힌트 '술 따위에 취해 정신이 흐려지고 몸을 제대로 움직이지 못하는 모양'을 이르는 말이에요.

🔖 **해롱해롱(○) / 헤롱헤롱(X)** '해롱해롱'의 본뜻은 '버릇없이 자꾸 까부는 모양'이에요. "대봉이는 선생님 앞에서 해롱해롱 까불었다."처럼 쓸 수 있어요. 헤롱헤롱이라는 말은 없어요.

거무튀튀하다(O) vs 거무티티하다(X)

빛깔이 조금 지저분하게 보일 정도로 흐릿하고 거무스름하다.

→ 방학 동안 산으로 들로 쏘다녔더니 얼굴이 **거무튀튀하다**.

'거무튀튀하다'는 너저분하고 탁한 검은 빛이 나는 걸 말해요. ==작은말은 '가무퇴퇴하다'이고, 센말은 '꺼무튀튀하다'예요.== 종종 '거무티티하다', '거무틱틱하다'라고 할 때가 있는데, 이는 비표준어예요.

으스스하다(O) vs 으시시하다(X)

차가운 물체가 닿거나 섬뜩한 기분이 들어 소름이 돋다.

→ 여기 폐가인가 봐. 자꾸 **으스스한** 느낌이 들어.

'으스스하다'는 두려움이나 섬뜩함을 느끼는 거예요. 작은말은 '아스스하다', '오스스하다'이고, '차가운 느낌이 들면서 쓸쓸하다'란 뜻의 '소슬하다', '소름이 끼칠 정도로 차가운 느낌이 잇따라 들다'의 '으슬으슬하다'와도 뜻이 통해요. ==' 으시시하다'로 잘못 쓰지 않도록 주의하세요.==

 이런 **뜻**이 있어요

> **동사**
>
> ## 하려고(O) vs 할라고(X)
> 어떤 행동을 하겠다는 의도가 있음을 나타내는 말.
>
> → 앞으로는 옷 입는 거 내 마음대로 **하려고** 해.

'―려고'는 받침 없는 동사나 'ㄹ' 받침인 동사에 붙어서 어떤 행동을 할 의도나 욕망이 있음을 나타내는 연결 어미예요. '하다' 뒤에 붙으면 '하려고'가 되고, '가다' 뒤에 붙으면 '가려고'가 돼요. '할려고', '하려구' 등은 다 틀린 표현이에요.

> **동사**
>
> ## 봬요(O) vs 뵈요(X)
> '웃어른을 대하여 보다'의 '뵈다'에 '해요체'를 붙여 쓰는 말.
>
> → 오늘은 너무 늦었고, 내일 다시 **봬요**.

아랫사람이 윗사람을 대하여 볼 때 '뵈다' 또는 '뵙다'라고 해요. '뵈어(봬)', '뵈니' 등으로 활용하지요. '다시 뵙겠다'라는 뜻으로 인사할 때는 '뵈어요' 또는 준말인 '봬요'라고 해요. '뵈요'는 쓰지 않아요.

어맛! 말맛 살리는 **어휘 양념 퀴즈**

※ 다음 글을 읽고 알맞은 말에 ○, ✕ 하세요.

❶ 오므리면 (　) vs 오무리면 (　)

"좁은 자리에서는 다리를 ○○○○ 좋겠어."

😊**힌트** 벌어져 있던 것의 끝부분을 한군데로 모으다.

🔖 오므리다(○) / 오무리다(✕)　'오므리다'는 '물체의 겉을 안으로 둥글게 패어 들어가게 하다'의 뜻도 있어요. '가방을 오므리다', '페트병을 오므리다'처럼 쓸 수 있지요. 큰말은 '우므리다'이고, '오무리다'는 비표준어예요.

❷ 아니에요 (　) vs 아니예요 (　)

"당신은 나의 이상형이 ○○○○."

😊**힌트** 어떤 내용이나 사실을 부정할 때 쓰는 말.

🔖 아니에요(○) / 아니예요(✕)　'아니에요'는 '아니다' 뒤에 설명이나 의문의 뜻을 나타내는 종결 어미 '-에요'가 붙은 말이에요. '아니에요'나 '아니어요'로 쓸 수 있지만, '아니예요'란 말은 없어요.

가로 풀이

① 글이나 그림 등을 그대로 옮겨 적거나 그리다.
② 국물을 적게 하여 고기나 두부, 채소 등을 넣고 고추장이나 된장 등으로 간을 맞추어 끓인 반찬. 김치○○, 된장○○.
④ 물건이나 가업 등을 자손에게 남겨 주어 자손이 그것을 이어 나감.
⑧ 물건의 껍데기나 껍질 속에 들어 있는 부분.
⑩ 나무를 원료로 하여 얇게 만든, 글씨를 쓰고 그림을 그리거나 인쇄를 하는 등 여러 가지 일에 쓰는 물건.
⑪ 자신의 이익을 위해 남을 속이는 사람.
⑬ 음식 등을 자꾸 입안에 넣고 조금씩 먹어 들어가는 모양.

세로 풀이

① 잠을 자거나 누울 때 머리를 괴는 물건.
③ 먹은 음식이 잘 소화되지 않아서 생긴 가스가 입으로 나오는 것.
⑤ 물에서 사는, 아가미와 지느러미와 비늘이 있는 척추동물. 어류.
⑥ 손에 쥘 수 있을 만한 크기의 돌.
⑦ 새가 낳은 알.
⑨ 개구리보다 뚱뚱하고 작으며, 누런 바탕에 푸른색이나 검은색의 무늬가 있는 개구리처럼 생긴 동물.
⑪ 자신의 잘못을 인정하며 용서해 달라고 빎.
⑫ 주로 세수할 때 물을 담아 쓰는 둥글고 넓적한 그릇.
⑭ 짠맛을 내는 하얀 가루.

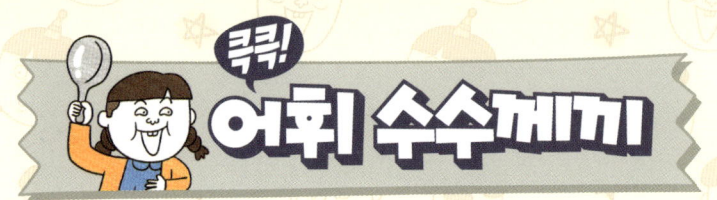

큭큭! 어휘 수수께끼

❶ 금은 금인데 도둑고양이가 좋아하는 금은?

❷ 계속 끼어드는 강아지를 2글자로 하면?

❸ 세상에서 가장 으스스한 비빔밥은?

❹ 사람과 대부분 함께 자는 개는?

❺ 비가 오면 몸을 활짝 펴고, 비가 그치면 몸을 움츠리는 것은?

❻ 군대에서 제일 잘 끓이는 찌개는?

정답
① 무릎무릎 ② 공간 ③ 신체부위 ④ 배게
⑤ 능금 ⑥ 소매끼리 ⑦ 운기 ⑧ 은메달
⑨ 남 ⑩ 거위 ⑪ 방송음악이 ⑫ 중수

---

❼ 종일 마시고 들이켜도 배가 부르지 않은 것은?

❽ 운동선수들이 가장 가지고 싶어 하는 달은?

❾ 눈으로 볼 수 없는데도 본다고 하는 것은?

❿ 벌리면 네 가닥, 오므리면 한 가닥이 되는 것은?

⓫ 풍뎅이 중에서 가장 오래 사는 풍뎅이는?

⓬ 싸움이 나면 항상 지는 동물은?

족집게 입맛

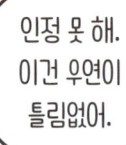

고랭지(O) vs 고냉지(X) — 명사

(높을 高 + 찰 冷 + 땅 地)

해발 600미터 이상에 있는, 높고 기온이 낮은 지역.

→ 이 배추는 강원도 **고랭지** 지역에서 생산된 거야.

'고랭지'를 '고냉지'로 쓰는 경우가 많은데, 이는 잘못된 표현이에요. '고랭지'는 '고랭+지'가 합쳐진 말이에요. 한자음 '랭'이 단어의 처음에 올 때는 두음 법칙에 따라 '냉'이 돼요. 그래서 '랭면'이 아닌 '냉면'으로 적지요. 하지만 단어의 첫머리 외에 오는 경우에는 본음대로 적어야 해요.

족집게(O) vs 쪽집게(X) — 명사

어떤 사실이나 문제를 정확하게 지적하거나 잘 알아맞히는 사람.

→ 내 얼굴만 보고도 무슨 일인지 알다니, 넌 역시 **족집게**로구나.

'족집게'는 본래 '털이나 작은 가시를 뽑는 도구'예요. 그런데 점을 치거나 어떤 일을 예상할 때 정확하게 알아맞히는 사람을 비유해서 말하기도 해요. '족집게 도사', '족집게 과외'처럼요. '쪽집게'나 '족집개'로 잘못 쓰지 않도록 주의하세요.

 이런 뜻이 있어요

씁쓸하다 (O) vs 씁살하다 (X) 형용사

조금 쓴 맛이 있다.

→ 그 애가 준 초콜릿이 씁쓸하길래 봤더니, 카카오 함유가 70%였어.

'씁쓸하다'는 음식 맛 중에서 조금 쓴 맛이 날 때를 말해요. 한글 맞춤법 규정에는 <mark>한 단어 안에서 소리가 같거나 비슷하게 겹쳐 나는 경우, 같은 글자를 적게 되어 있어요.</mark> 그래서 '씁쓸하다', '짭짤하다', '쓸쓸하다'처럼 적어요. '씁살하다'는 비표준어예요.

어쭙잖다 (O) vs 어줍잖다 (X) 형용사

말이나 행동이 분수에 맞지 않아 비웃음을 살 만하다.

→ 어쭙잖게 남의 일에 참견하지 말고, 네 앞가림이나 잘해.

'어쭙잖다'는 어떤 행동이 그 사람과 맞지 않아서 비웃음을 살 만할 때 써요. '아주 어설프고 시시하다'의 뜻도 있고요. '말이나 행동이 익숙하지 않아서 서투르다'의 뜻을 가진 <mark>'어줍다'의 부정형으로 생각해서 '어줍잖다'로 쓰는 일이 많은데, 바른 표현은 '어쭙잖다'예요.</mark> "어쭙잖게 끼어들지 마.", "아직은 일이 어줍어도 곧 익숙해질 거야."처럼 구분해서 써요.

어맛! 말맛 살리는 어휘 양념 퀴즈

※ 다음 글을 읽고 알맞은 말에 ○, ✕ 하세요.

❶ 고난도 (　) vs 고난이도 (　)

"배우가 이번 영화에서 ○○○ 액션 연기를 보여 주었어."

😊 힌트) '어려움의 정도가 매우 큼. 또는 그런 것'을 뜻해요.

↳ **고난도(○) / 고난이도(✕)** '고난도'는 '높을 高 + 어려울 難 + 법도 度'의 한자어로, '매우 어려운 정도'를 말해요. 이를 '어려움과 쉬움의 정도'를 나타내는 '난이도' 앞에 '고-'를 붙여서 '고난이도'라고 쓰는 일이 있는데, 틀린 표현이에요. 어려움이 높다는 것인지, 쉬움이 높다는 것인지 의미가 불분명해지기 때문이지요.

❷ 손사래 (　) vs 손사레 (　)

"선물은 필요 없다고 계속 ○○○를 치더라."

😊 힌트) '어떤 말을 아니라고 부인하거나 어떤 일을 거절할 때 손을 펴서 휘젓는 일'을 말해요.

↳ **손사래(○) / 손사레(✕)** '손사래'는 어떤 일이나 말에 관해 아니라고 부정할 때 손을 펴서 양쪽으로 젓는 거예요. 준말은 '손살'이고, 비슷한 말에 '손짓'이 있어요. '손사레'라는 말은 없어요.

 이런 뜻이 있어요

 틀리기 쉬운

안팎(○) vs 안밖(✗) — 명사

어떤 사물이나 영역의 안과 밖.

→ 손님 초대에 앞서 집 **안팎**을 청소하기 시작했다.

'안팎'은 '마음속의 생각과 겉으로 드러나는 행동'이나 '어떤 수량에 약간 넘치거나 모자라는 정도'를 나타내기도 해요. '안팎이 같은 사람', '다섯 개 안팎'처럼 쓰지요. '안팎'은 '안과 밖'이 합쳐진 말이지만 '안밖'으로 쓰지 않아요. 두 말이 어울릴 때 [안ㅎ밖]처럼 'ㅎ' 소리가 덧날 경우, 소리대로 적는 원칙 때문이에요.

실랑이(○) vs 실갱이(✗) — 명사

서로 자기주장을 고집하여 옥신각신 싸우는 일.

→ 지하철 빈 자리를 두고 서로 앉겠다며 **실랑이**를 벌였다.

'실랑이'는 자신이 옳다고 고집을 부리며 말로 싸우는 거예요. 비슷한 말로 '승강이', '승강'을 쓰기도 해요. 또 '실랑이'는 '옳고 그름을 따지며 남을 참견하고 못살게 구는 일'이란 뜻도 있어요. "사장의 실랑이로 직원들이 피곤해한다."처럼 쓰지요. '실갱이', '실강이'는 지방 사투리로, 비표준어예요.

 이런 뜻이 있어요

해코지(O) vs 해꼬지(X) — 명사
(해로울 害)
남을 해치고자 하는 짓.

→ 범인이 나를 **해코지**라도 하면 어떡하지?

'해코지'는 남을 괴롭히거나 한술 더 떠서 해치고자 하는 나쁜 짓이에요. ==한자 '해로울 해(害)'에 어원을 알 수 없는 접미사 '코지'가 합쳐진 말이지요.== 간혹 '해꼬지', '헤코지', '햇고지'로 혼동해 쓰는 일이 있는데, '해코지'만 표준어로 삼고 있어요.

생뚱맞다(O) vs 쌩뚱맞다(X) — 형용사
어떤 말이나 행동이 앞뒤가 맞지 않고 매우 엉뚱하다.

→ 밤 얘기를 하는데 **생뚱맞게** 꿀밤 얘기를 왜 해?

'생뚱맞다'는 어떤 말이나 행동이 상황과 맞지 않는 것으로, 비슷한 말에 '생뚱하다', '뚱딴지같다', '뜬금없다' 등이 있어요. 한때 방송 프로그램에서 우스꽝스러운 상황을 표현하며 "쌩뚱맞죠?"라고 된소리 발음으로 유행시킨 적이 있어요. 하지만 ==바른 표현은 '생뚱맞다'이니, 기억해 두세요.==

어맛! 말맛 살리는 **어휘 양념 퀴즈**

※ 다음 글을 읽고 알맞은 말에 ○, × 하세요.

❶ 애초부터 (   ) vs 애저녁에 (   )

"민이가 아이돌이 되는 건 ○○○○ 불가능했어."

😀 힌트 '맨 처음'을 뜻해요.

🔖 애초(○) / 애저녁(×) '애초'는 처음을 뜻하는 한자 '초(初)' 앞에 '맨 처음'의 뜻을 더하는 접두사 '애-'가 합쳐진 말이에요. 비슷한 말로 '애당초', '당초', '최초' 등이 있어요. '애저녁'이나 '애시', '애시당초'란 말은 비표준어예요.

❷ 부리나케 (   ) vs 불이나케 (   )

"약속 시간에 늦지 않으려고 ○○○○ 뛰쳐나갔다."

😀 힌트 '서둘러 아주 급하게'의 뜻이에요.

🔖 부리나케(○) / 불이나케(×) '부리나케'는 원래 '불이 나게'에서 온 말이지만, 한글 맞춤법 규정 중 원형을 밝혀 적지 않고 소리대로 적는다는 규정에 따라서 '부리나케'로 적어요. '불이나케', '불이낳게' 등은 틀린 표현이에요.

털북숭이(O) vs 털복숭이(X)

명사

털이 많이 난 사람이나 동물, 물건을 이르는 말.

→ 그 **털북숭이** 강아지 너무 귀엽더라.

'털북숭이'는 털이 많이 난 걸 말하며 '북숭이'라고도 해요. 이를 '털복숭이'나 '털보숭이' 등으로 잘못 쓰는 일이 많은데, **'털북숭이'만 표준어로 삼아요.** 참고로, '털이 복슬복슬하고 탐스럽게 생긴 강아지'는 '복슬강아지' 또는 '북슬강아지'라고 해요. '복실강아지'나 '북실강아지'가 아니랍니다.

감색(O) vs 곤색(X)

명사

(감색 紺 + 빛 色)

검은빛이 감도는 짙은 푸른색.

→ 넌 의외로 어두운 계열의 검은색이나 **감색** 옷이 잘 어울려.

'감색'은 '검은빛을 띠는 남색'을 표현하는 말이에요. **'곤색'이라고 잘못 쓰는 일이 많은데, 이는 일본어 표현이에요.** '잘 익은 감의 색깔과 비슷한 주황색'도 '감색'이라고 하는데, 이때는 '감 + 빛 색(色)'이 합쳐진 것이랍니다.

 이런 **뜻**이 있어요

돋치다(○) vs 돋히다(✗) — 동사

어떤 것이 속에서 생겨나 겉으로 나오다.

→ 김밥을 말자마자 날개 **돋친** 듯 팔려 나갔다.

'돋치다'는 '밖으로 생겨 나와 도드라지다'를 뜻해요. **'겉으로 생겨 나타나다'의 '돋다'에 강조의 의미를 더하는 접사 '-치-'가 붙은 말이에요.** '돋히다', '도치다'는 비표준어예요.

유례없다(○) vs 유래없다(✗) — 형용사

(무리 類 + 법식 例)

이전과 같거나 비슷한 예가 없다.

→ 반도체 회사들은 올해 **유례없는** 성장을 이뤄냈다.

'유례없다'는 '이전에 있었던 사례가 없다'의 뜻도 있어요. "이번 사건은 역사상 유례없는 사건이다."처럼 쓸 수 있지요. **'유래없다'라는 한 단어의 말은 없어요.** '유래'는 '어떤 사물이나 일이 생겨난 내력'을 말하며, '유래 없다'처럼 써야 해요.

어맛! 말맛 살리는 어휘 양념 퀴즈

※ 다음 글을 읽고 알맞은 말에 ○, × 하세요.

❶ 짜깁기해서 (   ) vs 짜집기해서 (   )

"옷 찢어진 데를 ○○○○○ 감쪽같이 만들었어."

😊 힌트) '직물의 찢어진 곳을 본디처럼 흠집 없이 짜서 깁다'의 뜻이에요.

▸ 짜깁기하다(○) / 짜집기하다(×) '짜깁기하다'는 직물에 천을 덧대어 흠집 난 데를 기워 내는 거예요. 요즘은 '영화나 소설 등에서 이런저런 내용을 가져다가 그럴듯하게 만들어내다'의 부정적인 뜻으로도 자주 쓰여요. "좋은 글이라고 생각했는데, 짜깁기했을 줄이야!"처럼요.

❷ 단언컨대 (   ) vs 단언컨데 (   )

"○○○○ 넌 최고의 가수야."

😊 힌트) '머뭇거리지 않고 딱 잘라 말하자면'을 뜻하는 말이에요.

▸ 단언컨대(○) / 단언컨데(×) '단언컨대'는 '딱 잘라 말하다'를 뜻하는 '단언하다'와 뒤의 내용이 말하는 사람이 생각하거나 바라는 내용임을 밝히는 연결 어미 '~건대'가 합쳐진 '단언하건대'를 줄인 말이에요. '단언하건데', '단언컨데'는 틀린 표현이에요.

그끄저께 (O) vs 그그저께 (X) — 명사

오늘을 기준으로 3일 전의 날.

→ **그끄저께** 오후에 무슨 일이 있었는지 기억하니?

오늘을 기준으로 1일 전을 '어제', 2일 전을 '그저께' 그리고 **3일 전을 '그끄저께'라고 해요.** 준말은 '그끄제'예요. 이 말을 '그그저께'로 쓰는 경우가 있는데, 잘못된 표현이에요. '그끄저께'는 옛말 '긋그적긔'에서 변화된 말이에요.

먼지떨이 (O) vs 먼지털이 (X) — 명사

먼지를 떨어 없애는 데 쓰는 청소 도구.

→ **먼지떨이**로 먼지를 떨어내고 나서 걸레로 닦아.

'먼지떨이'는 '먼지+떨+이'로 된 합성어예요. '달려 있거나 붙어 있는 것을 떼어 내다'를 뜻하는 동사 '떨다'가 들어가요. '먼지털이'나 '먼지터리개' 등은 잘못된 표현이에요. 참고로, '털다'는 '달려 있거나 붙어 있는 것을 치거나 흔들어서 떼어 내다'의 뜻이 있어요. "눈이 쌓인 옷을 털다"처럼 쓰지요.

 이런 뜻이 있어요

우유갑(O) vs 우유곽(X) 〔명사〕
(소 牛 + 젖 乳 + 궤 匣)
우유를 담아 두는 갑.

→ **우유갑**을 깨끗이 씻어서 재활용 상자에 넣어.

한자 '궤 갑(匣)'은 '물건을 담는 작은 상자'라는 뜻이 있어요. 그래서 우유를 담는 종이 상자를 말할 때는 '우유갑'이라고 해요. 같은 원리로 '성냥을 넣어 두는 상자'를 '성냥갑', '탄약통을 넣어 두는 상자'를 '탄약갑'이라고 하지요. '곽'은 '갑'을 잘못 표기한 거예요.

눌어붙다(O) vs 눌러붙다(X) 〔동사〕
음식이 타서 바닥에 붙다.

→ 냄비에 **눌어붙은** 누룽지를 긁어서 먹는 재미가 있지.

'눌어붙다'는 음식이 프라이팬이나 냄비에 조금 타서 붙는 걸 말해요. 또 '한곳에 오래 있으면서 떠나지 않다'의 뜻도 있어요. 이때는 "산이는 방학이 되면 집 안에만 눌어붙어 있다."처럼 쓸 수 있어요. '눌어붙다'를 '눌러붙다', '늘어붙다'로 잘못 쓰지 않도록 주의하세요.

어맛! 말맛 살리는 **어휘 양념 퀴즈**

※ 다음 글을 읽고 알맞은 말에 ○, × 하세요.

❶ 퀴퀴한 (   ) vs 퀘퀘한 (   )

"어디서 이렇게 ○○○ 냄새가 나지?"

😀 힌트 '상하거나 찌들어서 비위에 거슬릴 만큼 냄새가 구리다'의 뜻이에요.

👉 **퀴퀴하다(○) / 퀘퀘하다(×)** 찌든 냄새나 곰팡내처럼 구린 냄새가 날 때는 '퀴퀴하다'라고 하고, 작은말은 '쾨쾨하다'예요. '퀘퀘하다'는 비표준어예요.

❷ 천만에 (   ) vs 천만해 (   )

"망할 거라고? ○○○, 난 보란 듯이 성공할 거야."

😀 힌트 '전혀 그렇지 않다, 그럴 수 없다'는 뜻이에요.

👉 **천만에(○) / 천만해(×)** '천만에'는 '일천 千 + 일만 萬 + 에'로 이루어진 감탄사예요. 상대 말을 부정하거나 겸손하게 사양할 때 쓰지요. '천만해'는 잘못된 표현이에요.

아들내미 (O) vs 아들래미 (X) — 명사

아들을 귀엽게 이르는 말.

→ 그 집 막내 **아들내미**가 그렇게 귀엽다면서?

'아들내미'를 읽을 때 [아들래미]라고 발음해서 헷갈릴 수 있지만, 표준국어대사전에서는 아들을 귀엽게 이르는 말을 '아들내미'로 규정하고 있어요. 딸을 귀엽게 이르는 말은 '딸내미'예요.

성대모사 (O) vs 성대묘사 (X) — 명사

(소리 聲 + 띠 帶 + 법 模 + 베낄 寫)
다른 사람의 목소리나 동물 소리 등 각종 소리를 흉내 내는 것.

→ 제발 **성대모사** 잘하는 비법을 알려 주세요.

'성대모사'는 자신의 목소리로 다른 사람의 목소리나 동물 소리 등을 흉내 내는 거예요. '어떤 대상을 있는 그대로 자세하게 말이나 글로 표현하다'의 뜻을 지닌 '묘사'를 써서 '성대묘사'라고 쓰는 경우가 많은데, 이는 잘못된 표현이에요.

 이런 뜻이 있어요

음률(O) vs 음율(X) _명사_

(소리 音 + 법 律)
소리와 음악의 가락.

→ 시험을 보는데 귓가에 한 가지 음률이 맴돌았어.

보통 '음률'은 음의 가락을 말해요. 한자어 '법 률(律)'은 모음이나 'ㄴ' 받침 뒤에서만 '율'로 적어요. 그래서 '음율'이 아닌, '음률'이 옳은 표현이에요. 참고로 '선율'은 'ㄴ' 받침이므로, '기타 선율', '피아노 선율'처럼 '율'로 적는답니다.

날름(O) vs 낼름(X) _부사_

무엇을 날쌔게 입에 넣거나 손에 쥐어 가지는 모양.

→ 아껴 먹으려고 뒀던 사탕을 동생이 날름 먹어 버렸어.

'날름'은 본래 '혀나 손 등을 날쌔게 내밀었다가 들이는 모양'을 말해요. 날쌔게 움직이거나 행동하는 모양을 나타낼 때 두루 쓰이지요. 비슷한 말에는 '널름', '늘름'이 있어요. 하지만 '낼름'은 비표준어예요.

어맛! 말맛 살리는 어휘 양념 퀴즈

※ 다음 글을 읽고 알맞은 말에 ○, ✕ 하세요.

❶ 뉘엿뉘엿 (   ) vs 누엿누엿 (   )

"해가 ○○○○ 지고 있으니 걸음을 서둘러."

😊 **힌트** '해가 지려고 산이나 지평선 너머로 조금씩 넘어가는 모양'을 말해요.

↪ **뉘엿뉘엿(○) / 누엿누엿(✕)** '뉘엿뉘엿'은 해가 곧 지려고 하는 거예요. '속이 메스꺼워 토할 듯한 상태'를 말하기도 해요. 이때는 "음식이 뉘엿뉘엿 올라올 것 같다."처럼 써요. '누엿누엿', '너웃너웃'은 비표준어예요.

❷ 퀭하다 (   ) vs 캥하다 (   )

"밤새 한숨도 못 잤는지 눈이 ○○○."

😊 **힌트** '눈이 움푹 패어 기운 없어 보이다'의 뜻이에요.

↪ **퀭하다(○) / 캥하다(✕)** '퀭하다'는 눈이 쑥 들어가 크고 기운 없어 보이는 느낌을 표현한 말이에요. '캥하다'란 말은 없어요.

주꾸미(O) vs 쭈꾸미(X) — 명사

낙지와 비슷하며, 몸길이 20~30센티미터의 짧고 둥근 연체동물.

→ 봄에는 **주꾸미**, 가을에는 낙지가 제철이야.

'주꾸미'는 우리나라, 중국, 일본 연안에서 나는 문어과에 속하는 연체동물이에요. 된소리로 소리를 내어 [쭈꾸미]라고 하는 일이 많은데, 표준 발음이 [주꾸미]이고, 적을 때도 '주꾸미'로 적어야 해요.

오이소박이(O) vs 오이소배기(X) — 명사

오이에 파, 마늘, 고춧가루 등을 섞은 소를 넣어 담근 김치.

→ 어제 새로 담근 **오이소박이** 진짜 맛있더라.

'오이소박이'는 오이로 담근 김치예요. 오이 허리를 서너 갈래로 갈라 그 속에 파, 마늘, 고춧가루 등으로 양념한 부추, 양파를 박아 넣어요. '오이소박이김치', '외소박이' 등으로도 불린답니다. 하지만 '오이소배기'라고는 하지 않아요.

보랭 가방 (O) vs 보냉 가방 (X) — 명사
(보전할 保 + 찰 冷)
시원한 온도를 유지해서 음식물을 신선하게 보관할 수 있게 하는 가방.

→ 한여름에는 음식을 **보랭 가방**에 넣어서 배달한다.

'보랭'은 '주위의 온도에 관계없이 시원한 온도를 유지함'을 말해요. '고랭지'처럼 '보랭'도 한자 '찰 랭(冷)'에 두음 법칙이 적용되지 않아요. '보냉 가방'이라고 틀리게 쓰는 경우가 많은데, 바른 표현을 기억하세요.

널따랗다 (O) vs 넓다랗다 (X) — 형용사
공간이나 면적 너비가 꽤 넓다.

→ 저 멀리 **널따랗게** 펼쳐진 황금 들녘을 보렴.

'널따랗다'는 꽤 넓다는 뜻이에요. '넓다'와 관련 있어서 '넓다랗다'로 쓰는 경우가 많아요. 하지만 소리가 [널따라타]로 굳어져서 표기도 '널따랗다'로 해야 한답니다. 참고로, 반대말 '좁다랗다'의 경우, 어간 '좁–' 뒤에 자음으로 시작되는 접미사 '–다랗'이 붙어서 원형 그대로 적어 준답니다.

어맛! 말맛 살리는 **어휘 양념 퀴즈**

틀리기 쉬운

※ 다음 글을 읽고 알맞은 말에 ○, × 하세요.

❶ 이파리 (   ) vs 잎파리 (   )

"은행나무 ○○○가 노랗게 물들었어."

😀 **힌트** '나무나 풀에 달린 하나하나의 잎'을 뜻하는 말이에요.

🔓 **이파리(○) / 잎파리(×)** '이파리'는 '잎' 뒤에 접사 '-아리'가 붙은 형태예요. 접사 '-이'를 제외한 나머지가 붙었을 때는 원형을 밝혀 적지 않는다는 한글 맞춤법 규정에 따라 '이파리'가 표준어가 되었어요.

마지막 이파리가 떨어지면….

겨울이 오겠군.

대봉이 T다갱.

❷ 살렴 (   ) vs 살으렴 (   )

"어디를 가서든 행복하게 잘 ○○."

😀 **힌트** '살아라'를 부드러운 명령이나 허락으로 표현한 말.

🔓 **살렴(○) / 살으렴(×)** '살렴'은 동사 '살다'의 어간 '살-'에 명령이나 허락을 나타내는 종결어미 '-렴'이 붙은 거예요. '살다'처럼 받침 'ㄹ'이 있거나 받침이 없는 동사들은 어간 뒤에 '-렴'을 붙이고, 그 외에는 '-으렴'을 붙여요. '살으렴'이란 말은 없어요.

가로세로 십자말풀이 ③

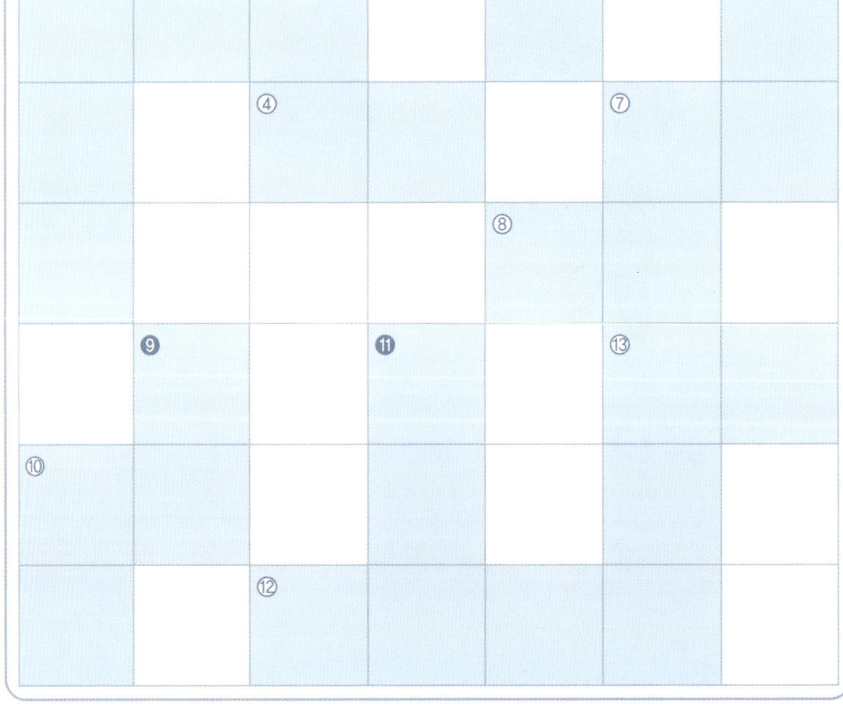

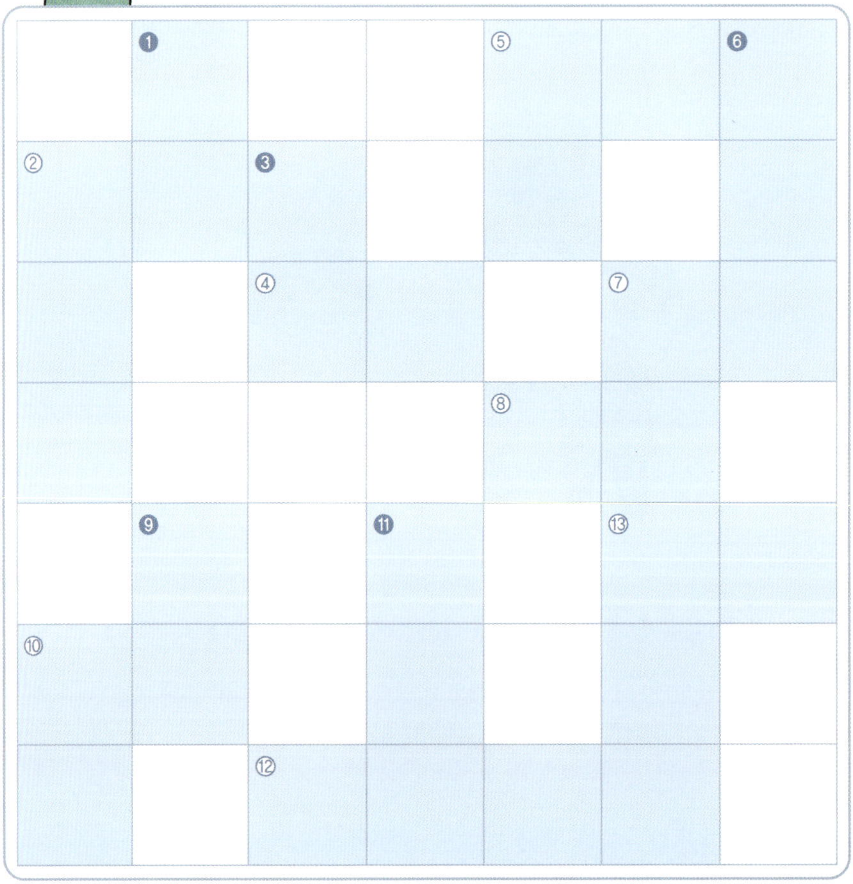

가로 풀이

② 해발 600미터 이상에 있는, 높고 기온이 낮은 지역.
④ 앞으로 겪을 힘든 일에 대한 마음의 준비.
⑤ 서로 자기주장을 고집하여 옥신각신 싸우는 일.
⑦ 부리가 넓적하고 발가락 사이에 물갈퀴가 있어 헤엄을 잘 치는 동물.
⑧ 즐겁게 노는 일.
⑩ 원료를 발효시켜서 만드는 신맛이 나는 액체 조미료.
⑫ 먼지를 떨어 없애는 데 쓰이는 청소 도구.
⑬ 물체가 진동하여 나는 음파가 귀에 들리는 것.

세로 풀이

① 주위의 온도에 관계없이 시원한 온도를 유지함. ○○ 가방.
② 어려움의 정도가 매우 큼. 또는 그런 것.
③ 정해진 시각보다 늦게 출근하거나 등교함.
⑤ 잘 알지 못하거나 조심하지 않아서 저지르는 잘못.
⑥ 나무나 풀에 달린 하나하나의 잎.
⑦ 오이에 각종 양념을 섞은 부추, 양파 등의 소를 넣어 만든 김치.
⑨ 맨 처음. 애당초.
⑩ 먹을 것으로 씀. 또는 그런 것.
⑪ 남을 해치고자 하는 짓.

❶ 비 오면 부리나케 뛰어 달려가 안고 오는 것은?

❷ 세종 대왕이 만든 우유는?

❸ 단언컨대, 세상에서 가장 큰 차는?

❹ 똥은 똥인데 생뚱맞게 다른 곳으로 튀는 똥은?

❺ 수험생이 가장 좋아하는 게는?

❻ 소금 장수가 좋아하는 사람은?

정답
① 빨래 ② 아이엠그라운드 ③ 어린이가 ④ 콜롬비아
⑤ 동지찌개 ⑥ 구름 ⑦ 우산 ⑧ 달팽이
⑨ 녹색 ⑩ 감기들림 ⑪ 지네(지렁이) ⑫ 메아리

❼ 비 올 때만 나와서 돌아다니는 것은?

❽ 가위는 가위인데 자르지 못하는 가위는?

❾ 인터넷상에 가장 많은 색은?

❿ 글씨를 쓸 줄은 알지만 읽은 줄 모르는 것은?

⓫ 다리는 하나인데 머리털이 수없이 많은 것은?

⓬ 산에 숨어 살면서 남의 소리를 성대모사하는 것은?

이런 뜻이 있어요

명사 **싫증** (증세 症)
어떤 대상을 싫어하는 느낌. 또는 그런 반응.
→ 반복되는 일상에 **싫증**을 느낀 사람들이여, 떠나라!

명사 **실증** (열매 實 + 증거 證)
실제 물건이나 사실을 바탕으로 한 확실한 증거.
→ 당신의 주장을 뒷받침할 **실증**을 내놓아 보세요.

'싫증'은 어떤 대상을 반갑지 않게 여기는 마음이에요. 비슷한 말에는 '식상', '염증', '넌덜머리' 등이 있어요. '실증'은 어떤 사실을 증명해서 내놓은 결과예요. 마음이나 감정 상태와는 관계없어요. '과학적 실증', '실증 연구' 등으로 쓰이지요.

명사 **가치**
의미나 중요성.
→ 넌 삶의 **가치**를 어디에 두니?

부사 **같이**
둘 이상이 함께.
→ 우리 **같이** 눈사람 만들지 않을래?

'가치'는 본래 '값이나 귀중한 정도'를 나타내요. '상품 가치', '투자 가치' 등으로 쓰이지요. 여기에서 확대되어 '중요한 의미'를 뜻하게 되었어요. '같이'는 둘 또는 여럿이 함께하는 거예요. 또는 '조사'로 쓰여 '앞의 말과 특성이 비슷함'을 나타내기도 해요. '칠흑같이 어두운 밤', '매일같이 반복되는 하루'처럼요.

 이런 뜻이 있어요

동사 집다
손이나 발가락, 집게 등을 이용해 물건을 잡아서 들다.
→ 손도 안 씻고 음식을 **집어** 먹으면 어떡하니?

동사 짚다
이마나 머리 등을 손으로 가볍게 누르며 대다.
→ 내 이마를 한번 **짚어** 봐. 열이 나는 것 같지 않니?

'집다'는 손이나 어떤 도구를 이용해서 물건을 들어 올리는 거예요. '짚다'는 몸을 벽이나 지팡이에 기대어 의지하거나, 손으로 이마나 머리를 대는 행위를 나타낼 때 쓰여요. 또 '상황을 어림잡아 짐작하다'의 뜻도 있어요. "헛다리를 짚다."처럼요.

동사 엎다
실수로 쏟아지게 하거나 넘어뜨리다.
→ 거기 파장면 그릇을 **엎은** 사람 누구니?

동사 업다
사람을 손이나 무엇으로 등에 붙들어 매어 떨어지지 않도록 하다.
→ 산이, 너 누나가 **업어** 키운 거 알지?

'엎다'는 본래 '물건을 거꾸로 돌려 위아래를 뒤집어 놓다'의 뜻이에요. 또 "약속을 엎다."처럼 '어떤 일이나 질서를 완전히 뒤바꾼다'의 뜻도 있어요. '업다'는 사람이나 뭔가를 등에 붙들어 매는 거예요. "권력을 등에 업었다."처럼 '다른 사람의 권력이나 세력을 배경으로 삼다'의 뜻도 있답니다.

102

어맛! 말맛 살리는 **어휘 양념 퀴즈 ❶**

"집을 나설 때는    불을 꺼라."

힌트 1 '틀림없이 꼭'의 뜻이에요.
힌트 2 비슷한 말에 '기필코'가 있어요.

어맛! 말맛 살리는 **어휘 양념 퀴즈 ❷**

"엎드리지 말고 의자에    앉아."

힌트 '비뚤어지거나 굽거나 하지 않고 바르게'의 뜻이에요.

대게 봉우리

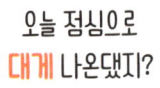
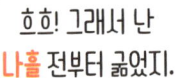

부사
대개 (큰 大 + 대개 槪)
일반적으로.

→ 바닷가에서는 **대개** 어업 활동을 한다.

명사
대게
다리가 대나무처럼 긴 게.

→ 아, 갑자기 **대게**가 먹고 싶어.

'대개'는 두루두루 해당하는 것을 뜻해요. 비슷한 말에 '대부분', '대체로'가 있지요. '대게'는 바다에 사는 '게'의 일종이에요. 껍데기 가장자리에 작은 가시들이 나 있으며, 다리가 길어요. 우리나라에서 나는 게 가운데 가장 크고 맛이 좋기로 알려졌어요.

명사
사흘
세 번의 낮과 세 번의 밤이 지나는 동안.

→ 누나는 **사흘** 전에 집을 나갔다.

명사
나흘
네 번의 낮과 네 번의 밤이 지나는 동안.

→ 수학여행을 **나흘** 동안 다녀왔어.

'사흘'은 '세 날'이라는 뜻과 더불어 '매달 첫째 날부터 헤아려 셋째가 되는 날'을 의미하기도 해요. '나흘'은 '네 날' 또는 '매달 네 번째 날'을 말해요. 이 두 말을 헷갈리는 사람들이 많은데, '사흘'에 '사'가 들어간다고 네 번째 날로 생각하지 마세요. '사흘'은 '삼 일'임을 기억하세요.

이런 뜻이 있어요

부사 — 지그시
어떤 대상에 드러나지 않게 슬며시 힘을 주는 모양.
→ 입술을 **지그시** 깨물며 분노를 삼켰다.

부사 — 지긋이
나이가 비교적 많아 듬직하게.
→ 이 모임에는 나이가 **지긋이** 많은 분이 대부분이야.

'지그시'는 슬며시 힘을 줄 때를 표현해요. '어떤 모양을 억누르고 견디는 모양'을 나타내기도 하고요. '지긋이'는 '나이가 비교적 많아 듬직하다'를 뜻하는 '지긋하다'와 관련 있어요. 또 '참을성 있고 끈기 있게'란 뜻도 있지요. "지긋이 인내하다."처럼 쓰인답니다.

명사·부사 — 한창
어떤 일이 활발하고 왕성하게 일어나는 때. 또는 그러한 모양.
→ 추석을 앞두고 추수에 **한창**이었다.

명사·부사 — 한참
시간이 꽤 지나는 동안. 또는 어떤 일이 상당히 오래 일어나는 모양.
→ 놀이기구를 타려면 **한참** 기다려야 해.

'한창'은 어떤 상태가 한껏 무르익은 때를 말해요. 그래서 '기운이 젊은 나이'를 '한창나이', '의욕이 왕성한 때'를 '한창때'라고 하지요. '한참'은 '꽤 오랫동안'을 뜻하는 '한동안'과 의미가 통해요. 시간이 오래 지났다는 것으로, 두 말을 잘 구분해 쓰세요.

어맛! 말맛 살리는 어휘 양념 퀴즈 ❶

"봄도 아닌데 개나리에   가 움텄어."

힌트 1 '아직 피지 않은 꽃'을 말해요.
힌트 2 비슷한 말에 '꽃봉오리'가 있어요.

어맛! 말맛 살리는 어휘 양념 퀴즈 ❷

"저 멀리 우뚝 솟은   까지 올라가자."

산봉우리 올라왔지. 꽃은 덜 핀 봉오리 상태였지. 예~.

오, 랩 좀 하는데?

힌트 1 '산에서 가장 높이 솟은 부분'을 가리켜요.
힌트 2 비슷한 말에 '산봉우리'가 있어요.

정답 ❶ 봉오리 ❷ 봉우리

물의를 빚는 텃세

가을에 농촌에선 추수하고 나서 볏짚을 그대로 두기도 한대.

왜?

볏짚에 붙어 있는 **낟알**을 철새들 먹이로 남기는 거지.

아하, 까치밥 같은 거구나.

철새랑 **텃새**랑 공생하며 사는 거 좋다.

근데 축제 때마다 불꽃놀이로 **물의**를 빚기도 하잖아.

화약 터지는 소리 때문에 새들이 피해를 본대.

인간이 **텃세**를 부리는 거네.

화약 불꽃놀이는 시대에 너무 **뒤처져**.

짠

이젠, 드론 쇼가 대세라고.

오, 언제 샀어?

 이런 뜻이 있어요

명사 낟알
껍질을 벗기지 않은 곡식의 알맹이.
→ 참새가 벼 이삭에 붙은 낟알을 쪼아 먹으려고 하네.

명사 낱알
하나하나 따로따로인 알.
→ 난 옥수수자루에서 낱알을 하나씩 뜯어 먹는 걸 좋아해.

'낟알'은 벼 이삭이나 곡식에 하나하나 붙어 있는 알곡이에요. '쌀알'을 표현할 때도 '낟알'이라고 해요. '낱알'은 '낱개'를 생각하면 좋아요. 한 개 한 개 따로따로인 알을 말하지요. 열매나 곡식뿐만 아니라 구슬이나 진주알의 낱개를 나타낼 때도 이 말을 쓴답니다.

명사 꼬리
동물의 몸뚱이 끝에 나와 있거나 달려 있는 부분.
→ 고양이는 기분이 좋거나 편안할 때 꼬리를 위로 세워.

명사 꽁지
새의 꽁무니에 있는 기다란 깃.
→ 꿩의 수컷은 암컷보다 꽁지가 길고 아름다워.

'꼬리'는 주로 포유류나 어류 등의 몸 뒤끝에 달린 것을 말해요. '기차 꼬리', '콩나물 꼬리'처럼 비유적으로 쓰이기도 하고, '범인의 꼬리'처럼 '사람이 남긴 실마리'를 가리키기도 해요. '꽁지'는 새의 꽁지깃처럼 날짐승에 쓰여요. 참고로, '꼬리'는 치거나 말 수 있지만, '꽁지'는 그러지 못한답니다.

109

 이런 뜻이 있어요

텃새
철을 따라 자리를 옮기지 아니하고 거의 한 지역에서만 사는 새.

→ 참새는 우리나라 전 지역에서 볼 수 있는 **텃새**이다.

텃세 (기세 勢)
먼저 자리 잡은 사람이 뒤에 들어오는 사람을 업신여기며 힘을 행사하는 일.

→ 그 지역은 **텃세**가 심해서 외부인이 살기 어려워.

'텃새'는 철이 바뀌어도 다른 지역으로 이동하지 않고 한곳에 머무르는 새예요. 참새, 까마귀, 까치 등이 그렇지요. '텃세'는 먼저 자리 잡은 사람이 나중에 온 사람을 괴롭히거나 무시하는 거예요. 두 말을 잘 구분해서 쓰세요.

물의 (만물 物 + 의논할 議)
많은 사람이 어떤 사람 또는 단체의 행동에 대해 이러쿵저러쿵 말하는 상태.

→ 사회에 큰 **물의**를 일으켜 죄송합니다.

무리 (없을 無 + 다스릴 理)
이치나 상식에 맞지 않거나 정도에서 지나치게 벗어남.

→ 이번 우승은 우리 팀에게 **무리**야.

'물의'는 '말썽'과 의미가 통해요. 어떤 일에 대해 사람들이 이러니저러니 논평하는 거예요. 주로 부정적인 의미를 표현할 때 쓰이지요. '무리'는 정도가 지나침이란 뜻 외에 '힘에 부치는 일을 억지로 함'이란 뜻도 있어요. "발목에 무리가 왔다."처럼 표현할 수 있어요.

어맛! 말맛 살리는 **어휘 양념 퀴즈 1**

"너 패션이 유행에 너무

   것 같은데."

샌들에 양말! 옛날엔 유행에 뒤처진 아저씨 패션이었는데.

요즘 MZ 세대들에겐 이게 대세예요!

힌트 1 '능력이나 수준이 일정한 기준에 못 미치고 뒤떨어지다'의 뜻이에요.

힌트 2 '뒤지다', '낙오되다', '밀리다'와 뜻이 통해요.

어맛! 말맛 살리는 **어휘 양념 퀴즈 2**

"뒤집어 놓은 카드가

    앞면이

드러났어."

힌트 1 '물건이 뒤집혀서 젖혀지다'의 뜻이에요.

힌트 2 비슷한 말에 '뒤집어지다'가 있어요.

명사 전통 (전할 傳 + 거느릴 統)
어떤 공동체에서 과거로부터 이어 내려오면서 고유하게 만들어진 사상, 관습, 행동 등의 양식.

→ **전통** 시장에 가면 먹거리를 저렴하게 살 수 있어.

명사 정통 (바를 正 + 거느릴 統)
바른 계통.

→ 요즘 또다시 **정통** 사극의 인기가 대단해지고 있어.

'전통'은 예전부터 전해 내려오면서 지금까지 이어지는 행동 양식을 말해요. '정통'은 바른 계통이란 뜻 외에도 '사물의 중심이 되는 중요한 부분'을 뜻하기도 해요. "과녁의 정통에 맞았다."처럼 쓸 수 있지요. 또 "얼굴을 정통으로 맞았다."처럼 '조금의 빗나감도 없이 바로'라는 뜻도 있어요.

명사 주최 (주인 主 + 재촉할 催)
행사나 모임을 기획하여 책임지고 엶.

→ 방송사 **주최** 연말 시상식을 봤다.

명사 주체 (주인 主 + 몸 體)
어떤 단체나 물건의 중심이 되는 부분.

→ 국가의 **주체**는 국민이다.

'주최'는 어떤 행사나 모임을 주도적으로 열고 최종 결정을 하며, 이에 대해 책임지는 거예요. 따라서 그런 모임을 기획한 집단을 '주최 측'이라고 하지요. '주체'는 '사물의 움직임이나 행동의 중심이 되는 것'이란 뜻도 있어요. "네가 주체가 되어 이 모임을 이끌어 보렴."처럼 쓸 수 있어요.

때우다 (동사)
간단한 음식으로 식사를 대신하다.

→ 세상에, 과자로 점심을 **때우는** 게 말이 돼?

떼이다 (동사)
남에게 빌려준 돈이나 물건을 돌려받지 못하게 되다.

→ 돈 **떼이기** 전에 얼른 달라고 해.

'때우다'는 본래 '구멍이나 갈라진 틈을 다른 조각으로 대어 막다'란 뜻이에요. '다른 방법으로 어떤 일을 보충하는 것'도 이 말을 써요. '떼이다'는 '남에게 빌린 돈을 돌려주지 않다'의 뜻인 '떼다'의 피동사예요.

불고하다 (동사)
(아닐 不 + 돌아볼 顧)
제대로 있는 것을 넘어뜨리다.

→ 체면 **불고하고** 친구에게 돈을 빌려 달라고 했다.

불구하다 (동사)
(아닐 不 + 잡을 拘)
얽매여 거리끼지 않다.

→ 궂은 날씨에도 **불구하고** 집을 나섰어.

'불고하다'는 '돌아보지 않다', 즉 '생각하지 않다'의 뜻이에요. 뒤에 주로 부정적인 내용이 와요. '불구하다'는 '상관하지 않다'의 뜻으로 '~에도 불구하고'로 자주 쓰여요. '염치 불구하고'나 '그럼에도 불구하고'처럼 반대로 쓰지 않도록 해요.

염치 불고하고 서비스 팍팍 주십사 부탁드려요.

시식으로 10개나 먹어 놓고선.

어맛! 말맛 살리는 **어휘 양념 퀴즈 ①**

"당분간 만두 얘기는 ㅇ, ㅈ 꺼내지 마."

힌트 1 '이러니저러니 할 것 없이 아주. 전혀'의 뜻이에요.

힌트 2 흔히 어떤 행동을 그치게 하거나 하지 않을 때 써요.

어맛! 말맛 살리는 **어휘 양념 퀴즈 ②**

"파티 비용 ㅇ, ㅊ 를 제가 부담할게요."

힌트 1 '모든 것. 모든 것을 전부 다'의 뜻이에요.

힌트 2 '~로'의 꼴로 쓰여 '완전히'의 뜻을 나타내기도 해요.

명사	명사
보양 (보전할 保 + 기를 養)	**부양** (도울 扶 + 기를 養)
몸을 편안하게 하여 건강을 잘 돌봄.	생활 능력이 없는 사람의 생활을 돌봄.
→ 아빠는 **보양** 식품을 너무 좋아해.	→ 이모는 20년째 가족 **부양**을 하고 있다.

'보양'은 '잘 보호하여 기름'이란 뜻이 있어요. 주로 몸이나 건강을 돌본다는 의미로 쓰여요. '부양'은 수입이 없어서 혼자 생활하기 어려운 사람을 돌보는 거예요. '부양가족', '부양 의무'란 말에 자주 쓰여요.

동사	동사
수술하다 (손 手 + 꾀 術)	**시술하다** (베풀 施 + 꾀 術)
병을 고치기 위해 몸의 한 부분을 째고 자르거나 붙이고 꿰매는 일.	병이나 상처 등을 낫게 하기 위해 의학적인 처치를 하다.
→ 맹장 **수술한** 지 사흘 만에 방귀를 뀌었다.	→ 그 한의원은 수지침으로 **시술하는데**, 그렇게 용하대.

'수술'은 의료 기구로 몸 일부를 째거나 도려내어 병을 고치는 일이에요. '어떤 문제를 근본적으로 고치는 일'을 말하기도 하고요. "회사를 살리기 위해 과감한 수술이 필요하다."처럼 쓸 수 있지요. '시술'은 좀 더 넓은 의미에서의 치료 행위를 말해요. 수술뿐만 아니라 몸에 침을 놓거나 뼈를 맞추는 것도 '시술'에 해당한답니다.

 이런 뜻이 있어요

명사
굴욕 (굽을 屈 + 욕될 辱)
남에게 업신여김을 당해 창피함.

→ 오늘 당한 **굴욕**을 내가 절대로 잊지 않으마.

명사
설욕 (눈 雪 + 욕될 辱)
부끄러운 마음을 없앰.

→ 이번 경기에서 상대 팀을 눌러 **설욕**의 기쁨을 맛보았다.

'굴욕'은 남에게 무시를 당하거나 모욕을 받는 거예요. '치욕', '모멸' 등과 뜻이 통해요. '설욕'은 부끄러운 마음을 씻는 거예요. 이전에 상대에게 패배해서 느꼈던 분함이나 창피함을 없애기 위해 새롭게 다짐하는 마음으로, "설욕의 기회를 엿보다."처럼 쓸 수 있어요.

동사
걷잡다
한 방향으로 치우쳐 흐르는 것을 붙들어 바로잡다.

→ 요즘 물가가 **걷잡을** 수 없이 오르고 있다.

동사
겉잡다
겉으로 보고 대충 짐작하여 헤아리다.

→ 관객 수가 **겉잡아도** 백 명이 넘는 것 같았다.

'걷잡다'는 주로 '걷잡을 수 없다'의 형태로 쓰여요. '마음을 진정하다'의 뜻도 있는데, 이럴 때도 "서로에게 걷잡을 수 없이 빠져들었다."처럼 쓰이지요. '겉잡다'는 겉으로 보고 대충 어림잡는 걸 말하니, 두 말을 잘 구분해 쓰세요.

어맛! 말맛 살리는 **어휘 양념 퀴즈 1**

"범인이 현장에서 자신의 범죄를 태연하게   했다."

힌트 1 '한 번 했던 행동이나 일을 다시 되풀이함'을 말해요.
힌트 2 '연극이나 영화 등을 다시 상연함'의 뜻도 있어요.

어맛! 말맛 살리는 **어휘 양념 퀴즈 2**

"박물관에서 석기 시대   을 위해 토기를 제작했다."

힌트 1 '사물이나 현상이 다시 나타남. 또는 다시 나타냄'을 뜻해요.
힌트 2 심리학에서는 '이미 경험한 것을 다시 생각해 내는 일'을 말하기도 해요.

속 썩이는 사람

염치
(청렴할 廉 + 부끄러워할 恥)
체면을 차릴 줄 알거나 부끄러움을 아는 마음.

➔ 무슨 사람이 그렇게 **염치**가 없을까.

얌체
자기 이익만 생각하고 부끄러움을 모르는 사람을 낮잡아 이르는 말.

➔ 자기 집 쓰레기를 휴게소에 몰래 버리는 **얌체** 같은 사람들이 있어.

'염치'는 부끄러움을 아는 마음이에요. '염치가 없음'을 말할 때 '몰염치', '염치를 모르고 뻔뻔스러움'을 나타낼 때는 '파렴치'라고 해요. '염치'의 작은말은 '얌치'예요. 특이하게도 부끄러움을 모르는 사람을 가리킬 때는 '얌체'라고 한답니다.

요금 (되질할 料 + 쇠 金)
어떤 시설을 쓰거나 구경을 하는 값으로 내는 돈.

➔ 다음 달부터 대중교통 **요금**이 인상될 예정이래.

세 (세금 稅)
국가 또는 지방 공공 단체가 필요한 경비로 사용하기 위해 국민이나 주민으로부터 강제로 거두어들이는 금전.

➔ 이번에 재산**세**가 엄청 많이 나왔다며?

'요금'은 남의 힘을 빌리거나 사물을 사용한 대가로 내는 비용이에요. '전기 요금', '택시 요금', '수도 요금'처럼 써요. '세'는 '세금'의 다른 말이에요. 국민이 행복하게 살 수 있도록 국가나 단체에서 대가 없이 거둬들이는 것으로, '소득세', '부가가치세'처럼 쓰지요. 일상에서 자주 쓰는 '전기세'는 엄밀히 말하면 '전기 요금'이에요. 그런데 사람들이 세금처럼 여겨 '전기세'라고 부르기도 한답니다.

명사 **딴지**	명사 **딴죽**
일이 순순히 진행되지 못하도록 훼방을 놓는 것.	이미 동의하거나 약속한 일에 대하여 딴전을 부림을 비유적으로 이르는 말.
→ 내 일에 사사건건 딴지를 걸지 마.	→ 약속해 놓고 이제 와 딴죽을 치다니.

'딴지'는 일이 잘되지 못하도록 방해하는 거예요. 주로 '걸다', '놓다'와 함께 쓰여요. '딴죽'은 본래 '씨름에서 발로 상대의 다리를 옆으로 치거나 끌어당겨 넘어뜨리는 기술'을 말해요. 이미 약속한 일에 대해 관계없는 행동을 할 때도 이 말을 써요. 비슷한 말에 '딴전', '딴청', '딴족'이 있어요.

동사 **꾸물꾸물하다**	동사 **끄물끄물하다**
매우 느리게 자꾸 움직이다.	날씨가 개지 않고 몹시 흐려지다.
→ 애벌레가 꾸물꾸물하며 이마 위를 기어갔다.	→ 아침부터 하늘이 끄물끄물하더니 비가 쏟아졌다.

'꾸물꾸물하다'는 느리게 움직이는 거예요. '아주 게으르고 굼뜨게 행동하다'의 뜻도 있어요. "선생님의 질문에 꾸물꾸물하며 대답을 피했다."처럼 쓰여요. 작은말은 '꼬물꼬물하다'예요. '끄물끄물하다'는 날이 흐리거나 불빛이 밝게 비치지 않고 침침할 때 쓰는 말이에요.

어맛! 말맛 살리는 **어휘 양념 퀴즈 1**

"산이는 엄마 속을 한 번도
ㅆ ㅇ 적 없어."

- **힌트 1** '걱정이나 근심 등으로 마음을 몹시 괴롭게 하다'의 뜻이에요.
- **힌트 2** '골치를 ○○○', '속을 ○○○'로 많이 써요.

어맛! 말맛 살리는 **어휘 양념 퀴즈 2**

"힘들게 배운 걸 아깝게
왜 ㅆ ㅎ ㄱ 있어?"

- **힌트 1** '물건이나 사람 등이 제 기능을 하지 못하게 하다'의 뜻이 있어요.
- **힌트 2** 본래 '음식물 등을 상하거나 나쁘게 변하게 하다'의 뜻이에요.

정답 ❶ 썩인(썩이다) ❷ 썩히고(썩히다)

가로 풀이

② 어떤 대상을 싫어하는 느낌. 또는 그런 반응.
③ 어떤 일이 활발하고 왕성하게 일어나는 때. 또는 그러한 모양.
⑤ 생활 능력이 없는 사람의 생활을 돌봄.
⑥ 한 번 했던 행동이나 일을 다시 되풀이함.
⑧ 동그란 모양.
⑩ 무선 전파를 통해 원격 조종되는 무인 비행 물체. ○○ 택시.
⑪ 체면을 차릴 줄 알거나 부끄러움을 아는 마음.
⑭ 세 번의 낮과 세 번의 밤이 지나는 동안.
⑮ 물을 묻혀서 거품을 내어 묻은 때를 씻는 데 쓰는 물건.

세로 풀이

① 실제 물건이나 사실을 바탕으로 한 확실한 증거.
③ 시간이 꽤 지나는 동안.
④ 몸을 편안하게 하여 건강을 잘 돌봄.
⑤ 알기 쉽게 다른 내용을 더하여 자세히 말함. ○○ 설명.
⑥ 어떤 것이 주는 즐거운 기분이나 느낌.
⑦ 어떤 대상에 드러나지 않게 슬며시 힘을 주는 모양.
⑨ 틀림없이 꼭.
⑫ 값이나 귀중한 정도.
⑬ 네 번의 낮과 네 번의 밤이 지나는 동안.
⑭ 겉으로 비슷하지만 실제로는 완전히 다른 가짜.

쿡쿡! 어휘 수수께끼

❶ 산에 바가지를 엎어 놓은 것은?

❷ 아기도 아닌데 등에 업혀 학교 다니는 것은?

❸ 세상에서 가장 지루해서 싫증 나는 전쟁은?

❹ 마을 텃새 가운데 하나인 참새가 싫어하는 비는?

❺ 파리는 파리인데 바다에 사는 파리는?

❻ 부모가 되려면 반드시 있어야 하는 것은?

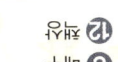

정답

1) 무릎 2) 책가방 3) 지우개 4) 양손잡이
5) 패러디 6) 각시 7) 피리 8) 매우
9) 그네 10) 시로롬이 11) (춤)추움이 12) 정육

---

7 날 수 있는 꼬리는?

8 썩혀야 먹을 수 있는 것은?

9 갈 때도 갈 때, 올 때도 갈 때인 것은?

10 전통 악기를 가지고 하는 물놀이는?

11 꽃밭에 가야 만날 수 있는 오리는?

12 네 다리를 가지고 늘 반듯이 서서 공부하는 것은?

처음을 나타내는 말.

→ 네가 **첫 번째** 순서야.

'-번째'는 '차례나 횟수'를 나타내는 의존 명사예요. 의존 명사는 앞말과 띄어 쓰는 게 원칙이에요. 따라서 '첫 번째', '두 번째', '세 번째'처럼 띄어 써야 해요.

무엇을 하겠다는 의지를 나타낸 말. '할 것이야'를 줄여 쓴 말.

→ 숙제는 나중에 **할 거야**.

'할 거야'의 '-거야'는 '것이야'의 준말이에요. '것'은 정확히 가리키는 대상이 정해지지 않은 사물을 나타내는 의존 명사예요. 따라서 앞말과 띄어 써야 해요. 참고로 '할 거야'를 '할 꺼야'로 적는 사람이 있는데, 이는 틀린 표현이에요.

 이런 뜻이 있어요

본 지 (O) vs 본지 (X)

보았던 때부터 지금까지의 동안.

→ 친구를 못 **본 지** 한 달이 넘었어.

'-ㄴ/은 지'는 띄어 써야 해요. 여기에서 **'지'는 '어떤 일이 일어났을 때부터 지금까지의 동안'을 나타내는 의존 명사예요.** "졸업한 지 5년이 지났다.", "우리 만난 지 꽤 오래됐지?"처럼 시간의 길이를 나타내는 표현으로 쓰이지요.

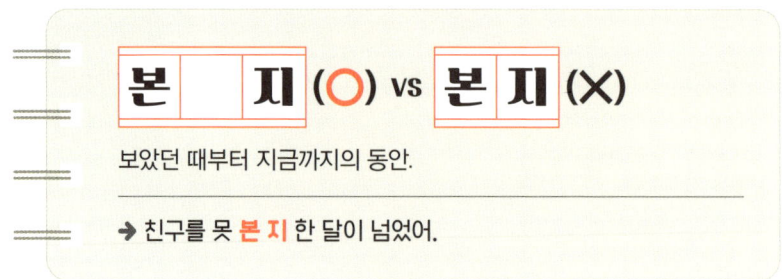

좋은지 (O) vs 좋은 지 (X)

뒤에 오는 말에 대해 좋다는 판단을 내리는 표현.

→ 생일 선물이 얼마나 **좋은지** 받자마자 웃음을 띠었다.

여기에서의 'ㄴ지'는 뒤에 오는 말의 내용에 대한 막연한 이유나 판단을 나타내는 연결 어미예요. "기분이 나쁜지 화를 냈다.", "감기에 걸렸는지 코를 팽 풀었다."처럼 쓰이지요. 좀 더 확대되어 '막연한 의문을 나타내는 종결 어미'로도 쓰여요. "부모님은 안녕하신지?"처럼요.

어맛! 말맛 살리는 **어휘 양념 퀴즈**

※ 둘 중 옳은 띄어쓰기를 찾아서 빈칸에 써 보세요.

❶ 그동안 vs 그 동안

" [ ][ ][ ] 뭐 하고 지냈어?"

😀 **힌트** '앞에서 이미 이야기한 만큼의 시간'을 뜻하는 말이에요.

📎 **그동안(O) / 그 동안(X)** '한때에서 다른 한때까지의 시간 길이'를 나타내는 '동안'은 본래 명사라서 앞의 말과 띄어 써야 해요. 하지만 '그동안'은 한 단어로 굳어진 말이라 붙여 써요. '매우 긴 시간 동안'이란 뜻의 '오랫동안'도 마찬가지로 한 단어예요.

❷ 배 속 vs 뱃속

"민이는 [ ][ ] 에 거지가 들어 있나?"

😀 **힌트** '배의 안쪽 부분'을 가리키는 말이에요.

📎 **배 속(O) / 뱃속(X)** '배의 안쪽 공간'을 가리킬 때는 '배 속'이라고 띄어 쓰거나 '배안'이라고 해야 해요. "태아가 배 속에서 움직인다."처럼 쓰지요. '뱃속'은 "범인의 뱃속을 도무지 알 수 없다."처럼 '마음'을 속되게 표현한 말이에요.

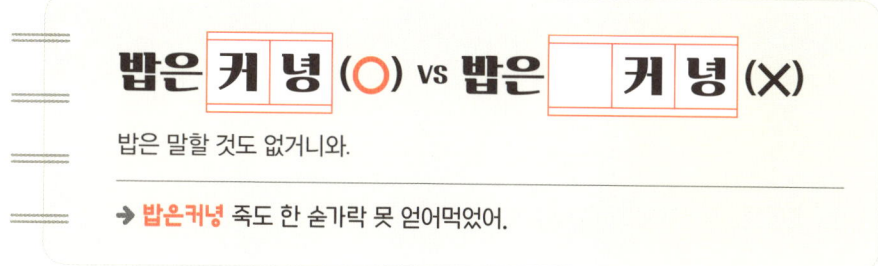

밥은 말할 것도 없거니와.

→ **밥은커녕** 죽도 한 숟가락 못 얻어먹었어.

'커녕'은 명사나 대명사 뒤에 붙어서 '어떤 사실을 부정하는 데에다 그보다 못한 것까지 부정하는 뜻을 나타내는 보조사'예요. 'ㄴ 커녕', '은/는커녕' 또한 앞말과 붙여 쓰는 조사랍니다.

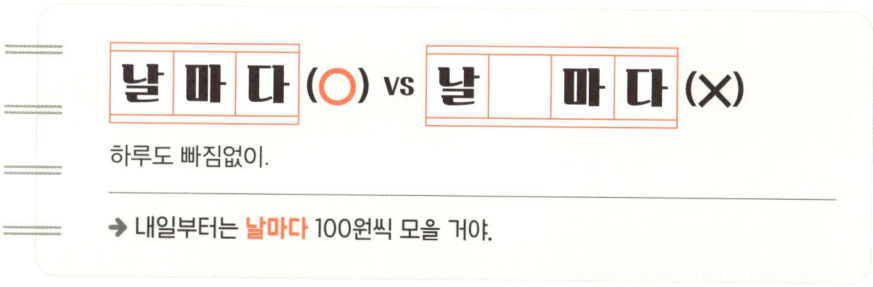

하루도 빠짐없이.

→ 내일부터는 **날마다** 100원씩 모을 거야.

'마다'는 명사나 대명사 뒤에 붙어 '하나하나 빠짐없이 모두의' 뜻을 나타내는 보조사예요. 또한 '앞말이 가리키는 시기에 한 번씩'이라는 뜻도 있어요. 예를 들어 "우리 학교는 1년마다 학예회를 해요."처럼 쓰여요.

135

 이런 뜻이 있어요

추운 데에서 (O) vs 추운데에서 (X)

추운 곳에서.

→ **추운 데에서** 벌벌 떨고 있는 걸 보니, 마음이 아프더라.

'데'가 의존 명사로 쓰일 때는 '곳', '장소', '것', '일', '경우' 등의 뜻이 있어요. "어디 좋은 데 있어?"나 "성격이 좋은 데다가 인물도 좋다."처럼 띄어서 써요. 'ㅡㄴ데'의 형태로 문장의 연결 어미나 종결 어미로 쓰일 때는 붙여 써요. "날이 좀 추운데 안으로 들어갈까?"나 "작품이 아주 훌륭하던데."처럼요.

보고 싶다 (O) vs 보고싶다 (X)

얼굴을 보거나 만나기를 희망하다.

→ 사랑하는 친구야, 정말 **보고 싶다**.

'싶다'는 앞의 말이 나타낸 행동을 하기를 원할 때 '-고 싶다'의 형태로 띄어 써요. "밥 먹고 싶다.", "빨리 만나고 싶다."처럼요.

어맛! 말맛 살리는 **어휘 양념 퀴즈**

※ 둘 중 옳은 띄어쓰기를 찾아서 빈칸에 써 보세요.

❶ 좀 더 vs 좀더

"저 [ ][ ] 잘 테니, 깨우지 마세요."

😊 **힌트** '어떤 기준보다 정도가 조금 심하게'의 뜻이에요.

👉 **좀 더(○) / 좀더(✗)** '좀 더'는 '조금 더'의 준말이에요. '조금'과 '더'는 둘 다 독립적인 부사예요. 문장의 각 단어는 띄어 쓰는 것을 원칙으로 삼고 있어서 이 둘은 띄어 써요. '더 이상'도 마찬가지로 띄어 쓴답니다.

❷ 더욱더 vs 더욱 더

"좌절하지 말고 [ ][ ][ ] 힘을 내렴."

😊 **힌트** '더욱'을 강조하여 이르는 말이에요.

👉 **더욱더(○) / 더욱 더(✗)** '더욱더'는 '정도가 한층 더 심하게'를 뜻하는 부사 '더욱'을 강조한 말이에요. 한 단어이므로 붙여 써야 해요. 비슷한 뜻을 지닌 '더더욱'도 마찬가지예요. "실력이 더더욱 늘어 갔다."처럼 써요.

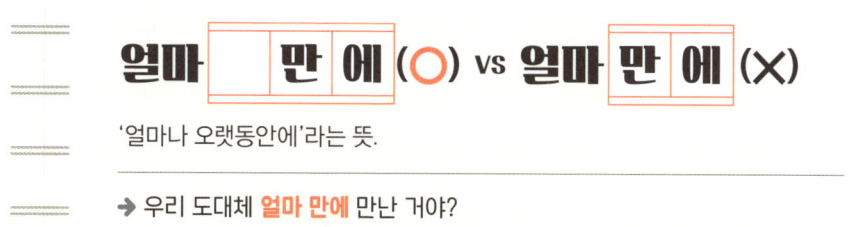

'얼마나 오랫동안에'라는 뜻.

→ 우리 도대체 **얼마 만에** 만난 거야?

의존 명사 '만'은 주로 '만에', '만이다' 꼴로 쓰여 '시간이나 거리가 얼마 동안 지났음'을 나타내요. 또 '앞 말이 가리키는 횟수를 끝으로'라는 뜻도 있어요. "세 번 만에 성공했다."처럼 쓰이지요.

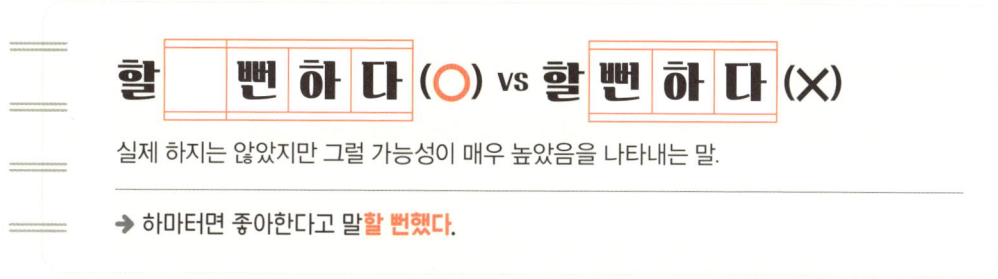

실제 하지는 않았지만 그럴 가능성이 매우 높았음을 나타내는 말.

→ 하마터면 좋아한다고 말**할 뻔했다**.

'뻔하다'는 주로 동사 뒤에 '-을 뻔하다'의 형태로 쓰여 앞의 말이 나타내는 상황이 거의 일어날 것 같다가 일어나지 않았음을 나타내요. 이때 앞의 동사와 '뻔하다'는 띄어 써야 해요. 자칫 '할 뻔 하다'처럼 '뻔'과 '하다'도 띄어 쓰는 일이 없도록 해요.

먹을 만하다 (O) vs 먹을만하다 (X)

먹을 정도의 가치가 있다.

→ 국이 조금 짜긴 해도 **먹을 만했다**.

'만하다'는 동사 뒤에 '-을 만하다'의 꼴로 쓰여서, 앞말이 뜻하는 행동을 할 타당한 이유를 가질 정도로 가치가 있음을 나타내요. 또 '앞말이 뜻하는 행동을 하는 것이 가능함'의 뜻도 있어요. "밤늦도록 게임을 했으니 피곤할 만하지."처럼 쓸 수 있지요. 이때 **'만하다'는 앞말과 띄어 써야 해요.**

너만 하다 (O) vs 너 만하다 (X)

'비교 대상의 수준이 너 정도에 달하다'의 뜻.

→ 내가 **너만 했을** 때 얼마나 귀여웠는지 아니?

'너만 하다'에서의 '-만'은 조사로 앞말과 붙여 쓰되, '하다', '못하다'의 동사와 함께 쓰여서 앞말이 나타내는 대상이나 내용에 가깝다는 의미를 표현해요. "동생이 언니만 못하네.", "얼굴이 주먹만 하다."처럼 쓸 수 있어요.

어맛! 말맛 살리는 어휘 양념 퀴즈

※ 둘 중 옳은 띄어쓰기를 찾아서 빈칸에 써 보세요.

❶ 할 말 VS 할말

"혹시 나한테 무슨 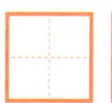 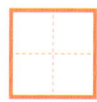 있어?"

😊 힌트) '하고 싶거나 마땅히 해야 할 말'을 나타내요.

🔒 할 말(O) / 할말(X) '할 말'은 '하다'의 활용형인 '할'과 명사 '말'이 각각 단어로 쓰인 말이에요. '다른 말', '좋은 말'처럼 '할 말'도 띄어 써야 해요. '못할 말'도 마찬가지예요. 붙여 쓰지 않도록 주의하세요.

❷ 수밖에 VS 수 밖에

"널 위해 떠날 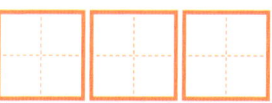 없었어."

😊 힌트) '떠나야 하는 것 이외에는'의 뜻이에요.

🔒 수밖에(O) / 수 밖에(X) '수밖에'는 '어떤 일을 할 만한 능력이나 그 일이 일어날 가능성'을 뜻하는 의존 명사 '수'에 '그것 이외에는' 뜻을 가진 조사 '-밖에'가 이어진 말이에요. 의존 명사와 조사는 붙여 써야 하는 원칙에 따라 '수밖에'가 돼요.

느낀 상태와 같이.

→ 자, 내가 그린 그림을 보고 자유롭게 느낀 대로 말해 봐.

'대로'는 '어떤 상태 또는 상황과 같이'를 나타내는 의존 명사로, 보통 '-는 대로'의 형태로 쓰여요. '시키는 대로', '본 대로' 이렇게요. 조사로 쓰이는 '대로'는 '앞말이 가리키는 바를 따르거나 그와 같이 함'을 나타내요. 이때는 앞말과 붙여 써야 해요. "부모님 뜻대로 하세요."처럼요.

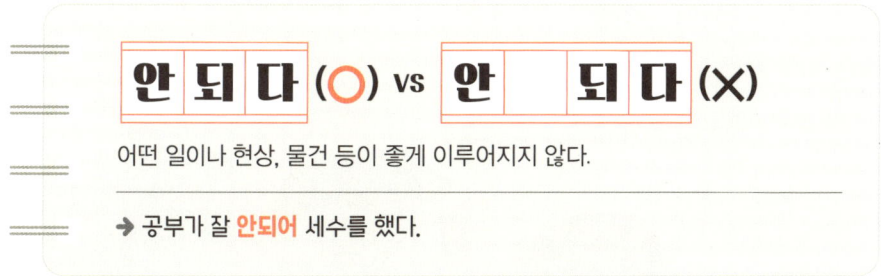

어떤 일이나 현상, 물건 등이 좋게 이루어지지 않다.

→ 공부가 잘 안되어 세수를 했다.

어떤 일이 잘 이루어지지 않을 때는 '안되다'로 붙여 써야 해요. "사업이 잘 안되다.", "자녀가 잘 안되기를 바라는 부모는 없다."처럼요. 참고로, '안 되다'로 띄어 쓸 때는 '되다'의 부정형을 표현할 때예요. "여기서 떠들면 안 됩니다.", "공부를 소홀히 하면 안 된다."처럼요.

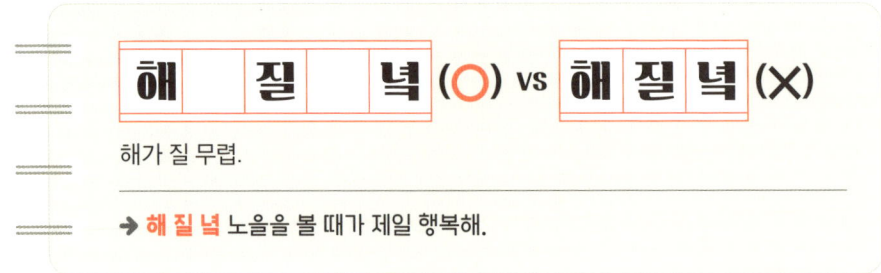

해가 질 무렵.

→ 해 질 녘 노을을 볼 때가 제일 행복해.

'지다'는 '해나 달이 서쪽으로 넘어가다'의 뜻을 가진 동사이고, '녘'은 일부 명사 뒤에 와서 '어떤 때의 무렵'으로 쓰이는 의존 명사예요. '해 질 녘'은 한 단어가 아니라 '해(가) 질 무렵'이란 뜻으로 각각 띄어 써야 해요.

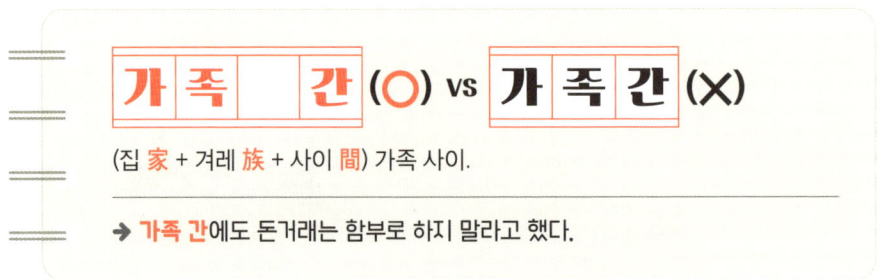

(집 家 + 겨레 族 + 사이 間) 가족 사이.

→ 가족 간에도 돈거래는 함부로 하지 말라고 했다.

'간'은 '두 장소의 사이', '어떤 관계가 있는 사람이나 단체 사이', '어느 쪽이어도 상관없다'는 뜻을 나타내는 말로 쓰이는 의존 명사예요. 기본적으로 '서울과 부산 간', '부모와 자식 간', '많건 적건 간에'처럼 띄어 써요. 단, '이틀간'처럼 '시간'을 나타낼 때는 접사로 쓰여서 붙이고, '부부간', '형제간'처럼 일부 '관계'를 나타내는 말도 한 단어로 인정되어 붙여요.

어맛! 말맛 살리는 **어휘 양념 퀴즈**

※ 둘 중 옳은 띄어쓰기를 찾아서 빈칸에 써 보세요.

❶ 온종일 VS 온 종일

"오늘 ☐☐☐ 집에만 있었어."

😀 **힌트** '아침부터 저녁까지의 동안'을 나타내요.

👆 온종일(O) / 온 종일(X) '온'은 '전부의. 또는 모두의'라는 뜻을 가진 관형사예요. 그래서 '온 마을', '온 세상'처럼 원칙적으로 띄어 써야 해요. 하지만 '온종일', '온몸'은 한 단어로 붙여 적어요.

❷ 하루 종일 VS 하루종일

"댕이를 잃어버려 ☐☐ ☐☐ 찾아 헤맸어."

😀 **힌트** '아침부터 저녁까지 내내'를 나타내요.

👆 하루 종일(O) / 하루종일(X) '하루'와 '종일'은 각각의 단어로 띄어 써야 해요. '온종일', '진종일'을 생각해서 붙여 쓰는 것으로 착각할 때가 있은데, '하루 종일'은 꼭 띄어 쓰세요.

아마존강 (O) vs 아마존 강 (X)

(강 江) 남아메리카 북부를 흐르는 강.

→ 날카로운 이빨을 가진 피라냐는 **아마존강** 유역에 산다.

'해', '강', '산', '섬'은 앞에 한자어나 고유어, 외래어에 상관없이 **붙여 적어요**. '카리브해', '낙동강', '한라산', '오키나와섬'처럼요. 예전에는 우리나라 강, 산, 섬만 붙여 쓰고, 다른 나라의 것은 띄어 쓰도록 했지만, 띄어쓰기 원칙이 바뀌었어요.

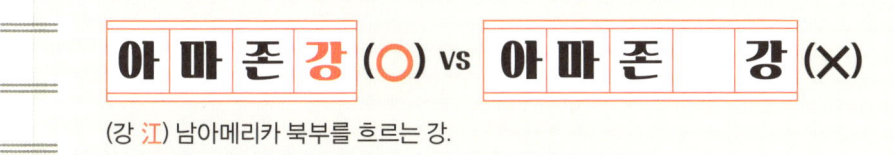

왜냐하면 (O) vs 왜냐 하면 (X)

왜 그러냐 하면.

→ 어제 지각을 했다. **왜냐하면** 늦잠을 잤기 때문이다.

'왜냐하면'은 문장 앞에 쓰여 이유를 설명해 주는 부사로, **하나의 단어로 써요**. 주로 '왜냐하면~ 때문이다' 꼴로 쓰이지요. 준말은 '왜냐면'이에요.

 이런 뜻이 있어요

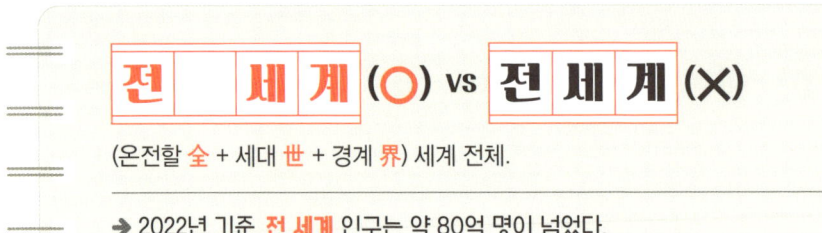

(온전할 全 + 세대 世 + 경계 界) 세계 전체.

→ 2022년 기준, **전 세계** 인구는 약 80억 명이 넘었다.

'전 세계'의 '전'은 '모든', '전체'의 뜻을 나타내는 관형사예요. ==한자어 명사 앞에 쓰여서 뒷말을 꾸며 주며, 당연히 띄어 써요.== '전 국민', '전 지역' 이렇게요. '전부의' 뜻을 가진 '온'이 들어가는 '온 세계', '온 국민'도 마찬가지예요. 참고로 '그것을 모두 아우르는'의 뜻을 가진 '범-'은 접사예요. '범국민', '범세계'처럼 일부 명사 앞에 붙여 써요.

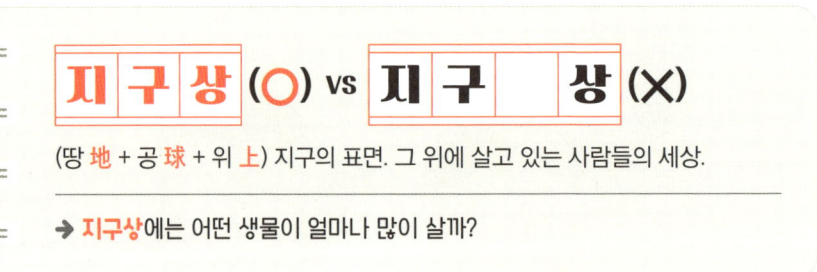

(땅 地 + 공 球 + 위 上) 지구의 표면. 그 위에 살고 있는 사람들의 세상.

→ **지구상**에는 어떤 생물이 얼마나 많이 살까?

==**'상'은 일부 명사 뒤에 붙어 여러 뜻을 나타내는 접사로 쓰여요.**== '지구상', '지도상'처럼 '물체의 위나 위쪽'을 이르거나 '관계상', '역사상'처럼 '그것과 관계된 입장'의 뜻을 더하기도 해요. 또 '인터넷상', '통신상'처럼 '추상적인 한 공간에서의 위치'를 나타내기도 한답니다.

어맛! 말맛 살리는 **어휘 양념 퀴즈**

※ 둘 중 옳은 띄어쓰기를 찾아서 빈칸에 써 보세요.

❶ 다시 한번 vs 다시 한 번

"우리 ☐☐ ☐☐ 도전해 보면 어때?"

😀 **힌트** '다시 거듭함을 강조한 말'이에요.

🔖 **다시 한번(○) / 다시 한 번(✕)** 본래 '횟수'를 나타낼 때는 '한 번'처럼 띄어 쓰는 게 원칙이에요. '시험 삼아 시도함'이란 뜻으로 쓸 때는 '한번'으로 붙여 쓰고요. 그런데 '다시 한번'의 경우, 의미에 상관없이 '다시 한번'으로 붙여 쓴답니다.

❷ 상처투성이 vs 상처 투성이

"너 온몸이 ☐☐☐☐☐ 잖아."

😀 **힌트** '상처가 잔뜩 나 있는 것'이란 뜻이에요.

🔖 **상처투성이(○) / 상처 투성이(✕)** '−투성이'는 '그것이 너무 많은 상태' 또는 '그런 상태의 사물이나 사람'의 뜻을 더해 주는 접사예요. '땀투성이', '피투성이', '흙투성이' 등 명사 뒤에 붙여 써요.

'듯'은 "본 듯 말다."처럼 짐작을 나타내거나 "알 듯 말 듯 하다."처럼 '그런 것 같기도 하고 그렇지 않은 것 같기도 함'을 나타낼 때는 의존 명사라서 띄어 써야 해요. 간혹 "소 닭 보듯 하다."처럼 '뒤에 오는 말이 앞에 오는 말과 비슷함'을 나타내는 '어미'로 쓰이기도 해요. 이때는 동사나 형용사 뒤에 붙여 쓴답니다.

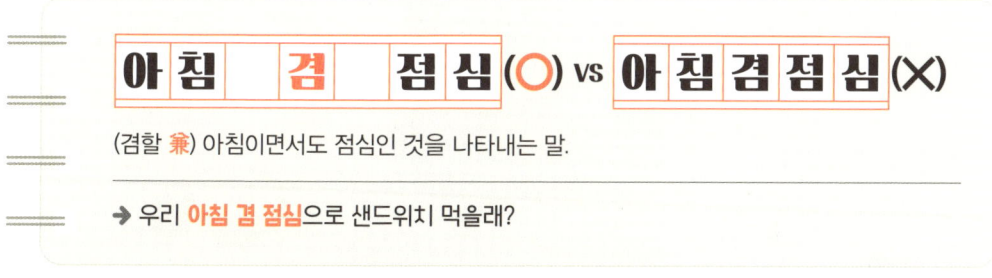

'겸'은 '앞의 것이기도 하면서 뒤의 것임'을 나타내는 의존 명사예요. 또 '앞의 일을 하면서 뒤의 일을 함'도 나타내지요. "네 얼굴도 볼 겸 들렀어.", "분위기도 전환할 겸 춤 좀 출게."처럼 쓸 수 있어요.

'좋을 터인데'를 줄여 쓴 말.

→ 배달해서 먹으면 편하고 **좋을 텐데**.

'텐데'는 '터인데'의 준말이에요. **'터'는 '예정'이나 '추측', '의지'의 뜻을 나타내는 의존 명사예요.** 그래서 '좋을 텐데'처럼 앞말과 띄어 써야 해요. "넌 학생일 텐데 어디서 그런 큰돈이 생겼어?", "배가 고플 텐데 많이 먹으렴."처럼요.

남이 하는 대로 같이 하다.

→ 산이는 누나가 하는 걸 **따라 하는** 경향이 있어.

'따라 하다'는 '~을 따라서 하다'의 뜻으로, '따르다'와 '하다'가 합쳐진 두 개의 낱말이에요. '따라하다'로 붙여 적는 일이 많은데, **이 둘은 각각의 뜻이 있는 말이라서 띄어 써야 한답니다.** 참고로 '흉내 내다' 또한 '흉내'와 '~을 내다'의 말이 합쳐진 구조라서 띄어 적어야 해요.

어맛! 말맛 살리는 어휘 양념 퀴즈

※ 둘 중 옳은 띄어쓰기를 찾아서 빈칸에 써 보세요.

❶ 통화 중 VS 통화중

"지금 ☐☐☐ 이라, 잠깐만 기다려 줄래?"

😀 **힌트** '상대와 전화를 하는 동안'을 나타내요.

👉 **통화 중(O) / 통화중(✗)** '여럿 가운데', '어떤 일을 하는 동안', '안이나 속'을 나타내는 '중'은 의존 명사라서 앞말과 띄어 써야 해요. "너희 형제 중 누가 제일 커?", "지금 회의 중이에요.", "공기 중 산소의 농도가 얼마나 돼요?"처럼요. '부재중', '은연중'은 한 단어로 굳어져 붙여 써요.

❷ 다음 날 VS 다음날

"☐☐☐, 경찰이 우리 집에 찾아왔다."

😀 **힌트** '말하고 있는 날의 다음에 오는 날'을 말해요.

👉 **다음 날(O) / 다음날(✗)** '말하고 있는 바로 그다음의 날'을 말할 때는 띄어 써야 해요. 그런데 '정해지지 않은 미래의 날'을 뜻할 때는 '다음날'로 붙여 써요. "아쉬운 마음에 다음날을 기약하며 헤어졌다."처럼 쓰이지요.

가로 풀이

① 아침부터 저녁까지의 동안. 진종일
③ 4, 5세부터 초등학생까지의 어린아이.
④ 지구의 표면. 그 위에 살고 있는 사람들의 세상.
⑦ 앞에서 이미 이야기한 만큼의 기간. 또는 다시 만나거나 연락하기까지의 일정한 기간.
⑧ 어떤 것이 남긴 표시나 자리.
⑩ 수심이 200미터 이상인 깊은 바다.
⑫ '하나하나 빠짐없이 모두의' 뜻을 나타내는 조사. 낱○○.
⑬ 일정한 시간이 지난 뒤.
⑭ 여럿 중에서 첫째가는 것.
⑮ 강과 산이라는 뜻의 자연.

세로 풀이

① 지구의 기온이 높아지는 현상. '지구 ○○○'.
② 일본인이 쓰는 말.
④ 나이가 비교적 많아 듬직하게.
⑤ 어떤 문제를 해결하기 위해 서로 이야기함.
⑥ 순간적으로 어떤 행동을 하고 싶다고 느끼는 마음.
⑦ 물체가 빛을 받을 때 빛의 반대쪽 바닥이나 벽에 나타나는 그 물체의 검은 모양.
⑨ 걱정 없이 마음을 편히 가짐.
⑪ 몸길이는 8cm 정도이며 머리는 말의 머리와 비슷하고, 주둥이가 대롱 모양으로 생긴 바닷물고기.
⑬ 아프리카 동북부를 흐르는 강. 고대 이집트 문명의 발상지.
⑯ 잠깐 쉬거나 건강을 위해 주변을 천천히 걷는 것.

❶ 찾아오는 손님마다 이상한 관계로 만날 수밖에 없는 사람은?

❷ 배 속에 뭘 넣고 잠그고 다니다가 공부할 때 열어 놓는 것은?

❸ 날마다 아침이면 생기는 나라는?

❹ 모든 사람이 해마다 딱 한 개만 먹을 수 있는 것은?

❺ 속이 끓어오르는 사람이 쓴 글을 4글자로 하면?

❻ 전 세계 어디에도 네 개밖에 없는 것은?

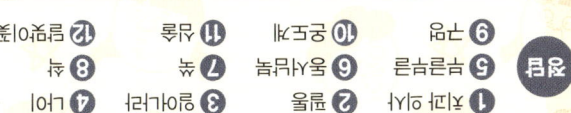
정답 ① 지피 있다 ② 팔꿈 ③ 알아가다 ④ 나이 ⑤ 싱글싱글 ⑥ 운반사업 ⑦ 녹 ⑧ 쑥 ⑨ 궁도녀 ⑩ 찌통 ⑪ 녹용 ⑫ 알쏭이죽

7. 조금만 나왔어도 쑥 나왔다고 하는 것은?

8. 수학을 한 글자로 줄이면?

9. 깎으면 깎을수록 더더욱 커지는 것은?

10. 더운 데에서 키가 커지고, 추운 데에서 키가 작아지는 것은?

11. 놀부가 좋아하는 술은?

12. 해 질 녘이면 피고 해 뜰 무렵이면 지는 꽃은?

157

감동의 메시지

 이런 뜻이 있어요

 외래어

명사

메시지(O) vs 메세지(X) (message)
어떤 사실을 알리거나 주장, 경고하기 위해 특별히 전하는 말.

→ 내일 출발할 거라는 휴대폰 문자 **메시지** 받았어?

'메시지'는 '문학이나 예술 작품에서 작가가 나타내고자 하는 의도', '언어나 기호에 의해 전해지는 정보' 등의 뜻도 있어요. "영화는 심오한 메시지를 던져 주었다.", '광고 메시지' 등으로 나타내지요. 영어 발음상 '메시지'로 적어요. 비슷한 예로 '소시지', '이미지', '패키지' 등이 있어요.

앗싸, 그럼 이 로봇은 내 거!

그, 그래.

감탄사

파이팅(O) vs 화이팅(X) (fighting)
운동 경기 등에서 잘 싸우길 바라면서 외치는 소리.

→ 시합 전에 선수들이 손을 모으고 "**파이팅!**"이라고 외쳤다.

'파이팅'은 시합에서 외치는 응원 소리뿐만 아니라 평소에도 '힘내!', '아자!'라는 뜻을 담아서 자주 써요. 파이팅은 'f'로 시작하는데, 이는 외래어 표기법의 1음운은 1기호로 적는다는 원칙에 따라 'ㅍ'으로 적기로 했어요. 그래서 '파이팅'이라고 적어요.

161

사인 (○) vs 싸인 (✗) (sign) — 명사
자기만의 독특한 방법으로 자신의 이름을 적음.

→ 어제 아이돌 가수에게 **사인**을 받았어.

'사인'은 자신의 이름으로 서명하는 거예요. 이 외에도 '몸짓이나 눈짓으로 어떤 의사를 전달하는 것'도 '사인'이라고 해요. "감독이 투수에게 눈짓으로 사인을 보냈다."처럼요. **'사인'의 's'는 'ㅅ'으로 표기해요.**

아웃렛 (○) vs 아울렛 (✗) (outlet) — 명사
재고품이나 이월 상품을 한곳에 모아 싸게 판매하는 곳.

→ 겨울 외투를 사려고 **아웃렛** 매장에 다녀왔어.

'아웃렛'은 주로 재고 상품이나 해가 지난 상품을 할인해서 파는 쇼핑몰인 'outlet mall'의 줄임말이에요. 1980년대 미국에서 시작된 유통업의 한 형태이지요. 발음을 부드럽게 하다 보니, **'아울렛'으로 잘못 쓰는 일이 많은데, 올바른 표기는 '아웃렛'이에요.**

어맛! 말맛 살리는 어휘 양념 퀴즈

외래어

※ 아래 빈칸에 들어갈 옳은 말을 찾아 써 보세요.

❶ 미스터리 vs 미스테리

"댕이가 가출한 이유는 ☐☐☐☐ 로 남아 있어."

😀 힌트) (1) '설명하거나 이해할 수 없는 이상한 일'을 말해요.
(2) '범죄 사건을 추리하여 해결하는 과정을 다룬 소설'을 말해요.

🔖 미스터리(O) / 미스테리(X) '미스터리(mystery)'는 중간에 'e'가 들어가 있어서 '테'로 적기 쉬우나 **발음상 '터'에 가깝게 나요**.

❷ 로봇 vs 로보트

"크리스마스 선물로 ☐☐ 을 받고 싶어요."

😀 힌트) '사람과 비슷하게 만들어서 사람이 하는 작업 등을 할 수 있도록 만든 기계'예요.

🔖 로봇(O) / 로보트(X) '로봇(robot)'은 과거에 '로보트'로 적긴 했지만 지금은 '로봇'만 표준어로 삼아요. 외래어 표기법에 따라, [p], [t], [c]와 같은 어말의 무성 파열음은 받침으로 적도록 하고 있답니다.

카페(O) vs 까페(X) (café) — 명사
커피와 차, 가벼운 간식거리를 파는 가게.

→ 조용한 **카페**에 앉아서 책을 읽었다.

'카페'는 본래 '커피'를 뜻하는 프랑스어예요. 우리나라에서는 '커피 파는 가게'란 뜻으로 쓰이고 있어요. 이 말은 원소리에 가깝게 적되, 맨 앞을 된소리로 표기하지 않는다는 외래어 표기 원칙에 따라 '카페'로 적어요. '까페'라고 적지 않도록 주의하세요.

뷔페(O) vs 부페(X) (buffet) — 명사
여러 가지 음식을 차려 놓고 손님이 스스로 골라서 덜어 먹을 수 있도록 한 식당.

→ 난 **뷔페**에 가면 최소 다섯 접시는 먹어야 직성이 풀려.

'뷔페'는 8~10세기경 스칸디나비아반도의 바이킹들이 커다란 널빤지에 음식을 다양하게 올려놓고 한 식사에서 유래했어요. 프랑스에서 지금의 뷔페 형태로 나타나 전 세계로 이어지게 되었지요. 프랑스 발음에 따라 '부페'가 아닌 '뷔페'로 적어요.

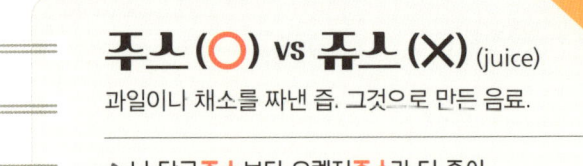

'주스'의 영어 발음을 생각하고 '쥬스'라고 표기하는 경우가 많아요. 하지만 'ㅈ', 'ㅉ', 'ㅊ' 다음의 이중 모음은 적지 않는다는 외래어 표기 원칙에 따라 '주스'를 표준으로 삼아요. 놀이동산에 가면 자주 사 먹는 '추로스'도 '츄러스'나 '츄로스'로 적지 않아요.

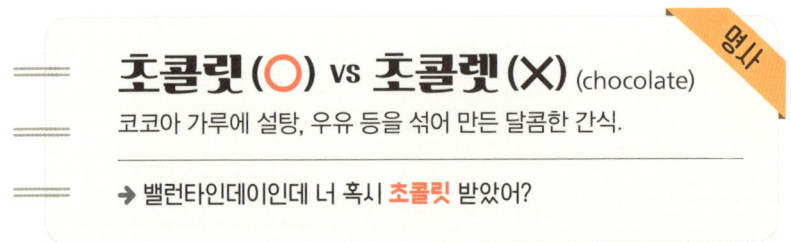

'초콜릿'을 '초콜렛', '초코렛', '쪼꼬렛' 등으로 다양하게 발음해요. 국제 음성 기호와 한글 대조표에 따른 발음대로 하면 '초클릿'에 가깝지만, 둘째 음절을 'ㅗ'로 발음하는 경향이 이미 굳어져 있어서 '초콜릿'으로 표기해요.

어맛! 말맛 살리는 **어휘 양념 퀴즈**

※ 아래 빈칸에 들어갈 옳은 말을 찾아 써 보세요.

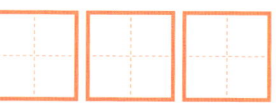

❶ 돈가스 vs 돈까스

"남산에 가면 ☐☐☐ 를 먹어야 해."

😀 **힌트** '빵가루를 묻힌 돼지고기를 기름에 튀긴 음식'이에요.

🔖 돈가스(O) / 돈까스(X) 파열음 표기는 된소리를 쓰지 않는 것으로 한다는 외래어 표기 원칙을 바탕으로 '돈까스'가 아닌, '돈가스'로 표기해요. '돼지고기 너비 튀김'으로 순화해 부르기도 하는데, '돈가스'가 더 자연스러워요.

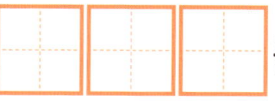

❷ 케이크 vs 케익

"생일 축하 ☐☐☐ 를 직접 만들었어요."

😀 **힌트** '밀가루에 달걀, 버터, 우유, 설탕 등을 넣어 반죽하여 구운 뒤 생크림이나 과일 등으로 장식한 빵'이에요.

🔖 케이크(O) / 케익(X) 외래어 표기법에서 받침으로 쓸 수 있는 자음은 'ㄱ, ㄴ, ㄹ, ㅁ, ㅂ, ㅅ, ㅇ' 일곱 글자예요. 그 외 'ㅋ, ㅌ, ㅍ, ㅊ' 등이나 겹받침은 쓰지 못해요. 또한 모음 'ei'가 '에이'로 이중 모음이라서 '케익'이 아닌, '케이크(cake)'로 표기하는 거예요.

슈퍼마켓(○) vs 수퍼마켓(✕) (supermarket) — 명사

식료품과 생활에 필요한 물품 등을 갖추어 놓고 파는 큰 가게.

→ 어렸을 때 **슈퍼마켓**을 하는 친구가 제일 부러웠다.

'슈퍼마켓'은 외래어를 표기할 때 이중 모음을 쓰지 않는다는 원칙 때문에 '수퍼마켓'으로 착각해서 적는 일이 많아요. 하지만 'ㅅ'은 '슈퍼마켓', '샴푸', '셔츠'처럼 더러 이중 모음 표기가 가능한 말들이 있어요. 물론 '소파(sofa)'는 '소파'로 적어요. '쇼파'라고 하지 않는답니다.

에어컨(○) vs 에어콘(✕) (air conditioner) — 명사

차가운 공기를 나오게 하고 습도를 조절하는 장치.

→ 너무 더운 날은 **에어컨**을 켜야 해.

'에어컨'은 '에어컨디셔너'의 준말이에요. 그래서 '에어콘'이 아닌, '에어컨'이 바른 표현이랍니다. 참고로, 텔레비전을 멀리서 조종할 수 있는 '리모컨(remote control)'도 '리모콘'이라고 쓰면 틀려요.

 이런 뜻이 있어요

센티미터(O) vs 센치미터(X) (centimeter)
의존 명사

미터법에 의한 길이의 단위. 1미터의 100분 1.

→ 너 키가 몇 **센티미터**니?

'센티미터'는 길이를 나타내는 단위로, 1센티미터는 1미터의 100분의 1이에요. 기호는 cm로 쓰고 '센티'라고 쓰기도 해요. 이를 '센치미터', '센치'라고 하는 건 일본어의 발음에서 영향을 받았기 때문이에요. <mark>정확한 표기 및 발음은 '센티미터'이니, 기억해 두세요.</mark>

리더십(O) vs 리더쉽(X) (leadership)
명사

사람들을 이끌고 다스리는 지도력이나 통솔력.

→ 민이는 **리더십**이 좋아서 학급 회장으로 선출되었어.

'리더십'의 [ʃ] 발음을 '쉬'로 쓰기 쉬우나, 외래어 표기법 중 영어의 표기 제3항에 따라 <mark>어말의 [ʃ]는 '시'로 적어요.</mark> '플래시(flash)', '멤버십(membership)'도 마찬가지예요.

170

어**맛**! 말**맛** 살리는 **어휘 양념 퀴즈**

※ 아래 빈칸에 들어갈 옳은 말을 찾아 써 보세요.

❶ 액세서리 VS 악세사리

"이 옷에 어울리는 ☐☐☐☐ 좀 골라 줘."

😊 **힌트** '멋을 내려고 몸이나 옷에 달거나 걸어 장식하는 물건'을 말해요.

🔖 **액세서리(○) / 악세사리(✕)** '액세서리(accessory)'를 흔히 '악세사리'라고 하는데, 이는 한국식 발음이에요. 영어식 발음대로 표기해야 해요. '노리개', '장식물' 등 순화한 말을 써도 좋아요.

❷ 마니아 VS 매니아

"우리 삼촌은 블록 장난감 ☐☐☐ 야."

😊 **힌트** '어떤 한 가지를 몹시 좋아해 몰두하는 사람'이란 뜻이에요.

🔖 **마니아(○) / 매니아(✕)** 본래 '마니아(mania)'는 '열광'이나 '조증'을 뜻하는 말이에요. 우리나라에서는 '뭔가에 열중하는 사람'을 가리키는 긍정적인 의미로 쓰이지요. 영어식 발음은 [메이니어]지만, 이미 굳어진 외래어는 관용으로 존중한다는 취지에서 '마니아'를 표준어로 정했어요.

매뉴얼(O) vs 메뉴얼(X) (manual) — 명사

내용이나 이유, 사용법 등을 설명한 글.

→ 에어컨 사용 **매뉴얼**을 보고 작동법을 배워 보자.

'매뉴얼'은 '설명서'나 '안내서', '지침' 등으로 바꾸어 쓸 수 있어요. 식당에서 음식의 종류와 가격이 적혀 있는 판인 '메뉴(menu)'와 혼동해서 '메뉴얼'로 쓰는 일이 있는데, 이는 틀린 표기예요.

콘셉트(O) vs 컨셉(X) (concept) — 명사

어떤 작품이나 제품, 공연, 행사 등에서 드러내려고 하는 주된 생각.

→ 이번 공연의 **콘셉트**는 기후 변화와 환경이야.

사람들이 '컨셉'으로 많이 쓰는데 바른 표기는 '콘셉트'예요. 'concept'의 'con'은 발음상 [컨]이나 [칸]으로 소리 나지만, '콘'으로 통일해 적어요. 또 마지막 [t]의 경우, '으'를 붙여 적는다는 원칙에 따라 '트'가 되지요. '개념'이나 '의도', '관념' 등으로 바꾸어 써도 좋아요.

173

비즈니스(O) vs 비지니스(X) (business) — 명사

어떤 일을 일정한 목적과 계획을 가지고 짜임새 있게 경영함.

→ 아빠가 **비즈니스**를 위해 두바이로 출장을 떠났어.

'비즈니스'는 한마디로 '사업'을 말해요. 과거에는 '바쁜'을 뜻하는 영어 '비지(busy)' 때문에 '비지니스'나 '비지니쓰'로 적는 경우가 많았어요. 하지만 외래어 표기는 현지 발음에 가까운 걸 적는 원칙에 따라서 '비즈니스'로 써요.

내비게이션(O) vs 네비게이션(X) (navigation) — 명사

지도를 보이거나 지름길을 찾아 주어 자동차 운전을 도와주는 장치나 프로그램.

→ 처음 가는 길은 **내비게이션**을 따라가면 돼.

'항해', '항법'을 뜻하는 '내비게이션'은 원어 발음도 [내비게이션]이에요. '네비게이션'으로 잘못 쓰는 일이 많은데, 이는 뒤에 오는 '게이션'의 영향으로 앞도 '네비'로 맞춰야 한다고 생각해서 그래요. 바른 표기는 '내비게이션'이고, '길도우미'로 순화해서 쓸 수 있어요.

어맛! 말맛 살리는 **어휘 양념 퀴즈**

외래어

※ 아래 빈칸에 들어갈 옳은 말을 찾아 써 보세요.

❶ 앙코르 vs 앵콜

"노래가 끝나자 관객이 ☐☐☐를 외쳤어."

😊 힌트 '음악회나 공연 등에서 연주를 마친 출연자에게 환호와 박수를 보내며 다시 한번 연주해 줄 것을 청하는 일'이에요.

🔖 앙코르(O) / 앵콜(X) '앙코르(encore)'는 '여전히', '한 번 더'라는 뜻의 프랑스어예요. '앵콜', '앵코르' 등은 한국식으로 표현한 말이에요.

❷ 난센스 vs 넌센스

"나는 ☐☐☐ 퀴즈 맞히기 달인이라고!"

😊 힌트 '이치에 맞지 않거나 상식에 어긋나는 말 또는 일'을 말해요.

🔖 난센스(O) / 넌센스(X) '터무니없는 소리'나 '예상치 못한 말장난'이란 뜻으로도 자주 쓰이는 '난센스(nonsense)'는 원어 발음도 [난센스]예요. '넌센스'나 '난쎈스' 등으로 쓸 이유가 없답니다.

송년회 (O) vs 망년회 (X)
(보낼 送 + 해 年 + 모일 會)

연말에 가족이나 친구, 직장 동료 등과 함께 한 해를 보내면서 벌이는 모임.

→ 이번 가족 **송년회**에서는 장기 자랑으로 춤을 출 거야.

'송년회'는 연말을 보내면서 친한 사람들과 오붓한 시간을 보내는 거예요. 옛날에는 '망년회(忘年會)'란 말을 많이 썼어요. 그런데 이 말은 그해 괴로움을 잊자는 취지로 여는 일본의 연말 모임에서 비롯된 거예요. 국립국어원에서는 '송년회'나 '송년 모임'으로 표현할 것을 권장하고 있답니다.

다음 날 (O) vs 익일 (X)

어느 날의 다음에 오는 날.

→ 익일 배송은 물건이 **다음 날**에 도착하는 택배 서비스예요.

'익일'은 '어느 날의 바로 다음 날'을 뜻하는 한자어예요. 일상생활에서 우편이나 택배 배송 때문에 자주 듣거나 쓰는 말이기도 해요. 그런데 이 말은 '요쿠지츠(よくじつ)'라는 일본식 한자어예요. 우리말로 '다음 날', '이튿날'로 쓰는 편이 좋겠지요?

 이런 뜻이 있어요

융통성 (O) vs 유도리 (X) — 명사
(녹을 融 + 통할 通 + 성품 性)
그때그때의 사정과 형편을 보아 일을 처리하는 재주.

➜ 원칙을 중요시하다 보면 **융통성**이 부족할 수 있어.

"일 좀 유도리 있게 처리해."라든가 "무슨 사람이 그렇게 유도리가 없어?"처럼 말하는 일이 종종 있어요. 그런데 '유도리'는 '시간이나 돈, 기력 등의 여유'를 뜻하는 일본말 '유토리(ゆとり)'에서 비롯됐어요. 우리말 '여유'나 '융통성'으로 얼마든지 바꾸어 쓸 수 있어요.

막무가내 (O) vs 무데뽀 (X) — 명사
(없을 莫 + 없을 無 + 옳을 可 + 어찌 奈)
지나치게 고집이 세서 남의 말을 듣지 않으려 함.

➜ 일을 그렇게 **막무가내**로 밀어붙이면 어떡해?

'무데뽀'는 '앞뒤 생각 없이 함부로 덤비는 사람이나 태도'를 뜻하는 일본어 '무텟포오(むてっぽう)'에서 온 말이에요. 우리말 '막무가내', '분별없이' 등으로 바꾸어 쓰세요.

어맛! 말맛 살리는 어휘 양념 퀴즈

외래어

※아래 빈칸에 들어갈 옳은 말을 찾아 써 보세요.

❶ 물방울무늬 VS 땡땡이무늬

"내 ☐☐☐☐☐ 원피스 예쁘지?"

😊 힌트 '작고 동글동글한 물방울 모양을 본떠서 늘어놓은 무늬'를 뜻해요.

💬 **물방울무늬(O) / 땡땡이무늬(X)** '물방울무늬'는 작은 원 모양이 점무늬처럼 채워진 패턴을 말해요. '땡땡이무늬'라고 많이 썼는데, 이 말은 일본어 '점을 찍듯이 흩어져 있는 모양'을 뜻하는 '텐텐(てんてん)'에서 왔어요.

❷ 새것 VS 새삥

"이 드론은 산 지 하루밖에 안 된 ☐☐이야."

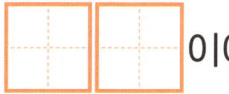

😊 힌트 '아직 한 번도 사용하지 않은 물건이나 새로 나온 것'을 뜻해요.

💬 **새것(O) / 새삥(X)** 유행가 가사에 '새것'이란 말 대신 '새삥'이란 말이 들어가요. '새롭다'의 '새-'와 '신품'을 가리키는 일본어 '신삥(しんぴん)'의 '-삥'이 합쳐진 신조어예요. '새거' 또는 '새것'이라는 바른 표현으로 쓰기를 권해요.

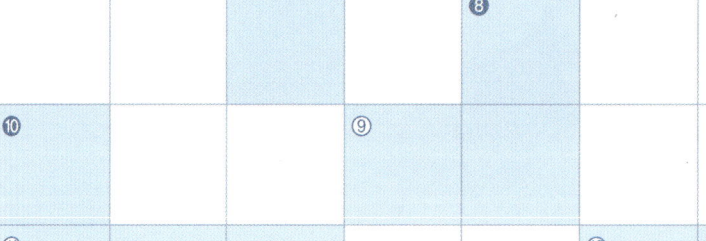

외래어

가로 풀이

① 어떤 한 가지를 몹시 좋아하여 몰두하는 사람.
③ 웃는 행동. 또는 웃는 모양이나 소리.
④ 어떤 사실을 알리거나 주장, 경고하기 위해 특별히 전하는 말.
⑦ 자기만의 독특한 방법으로 자신의 이름을 적음.
⑨ 여러 가지 음식을 차려 놓고 손님이 스스로 골라서 덜어 먹을 수 있도록 한 식당.
⑪ 한 분야의 전문가들이 특정한 주제를 연구하기 위해 행하는 모임.
⑫ 사람을 이끌고 다스리는 지도력이나 통솔력.
⑬ 커피나무의 열매로 만든 진한 갈색의 차.
⑮ 이치에 맞지 않거나 상식에 어긋나는 말 또는 일.
⑯ 개인이 여러 가지 용도로 자유롭게 쓸 수 있는 돈.

세로 풀이

❶ 무엇을 상징하여 나타낸 기호나 상표를 뜻하는 외래어.
❷ 재고품이나 이월 상품을 한곳에 모아 싸게 판매하는 곳.
❺ 그 당시에 일어난 여러 가지 사회적 사건.
❻ 아는 사람.
❽ 커피와 차, 가벼운 간식거리를 파는 가게.
❿ 멋을 내려고 몸이나 옷에 달거나 걸어 장식하는 물건.
⓮ 자연재해 등의 재난을 피해 멀리 도망감.
⓱ 빵가루를 묻힌 돼지고기를 기름에 튀긴 음식.

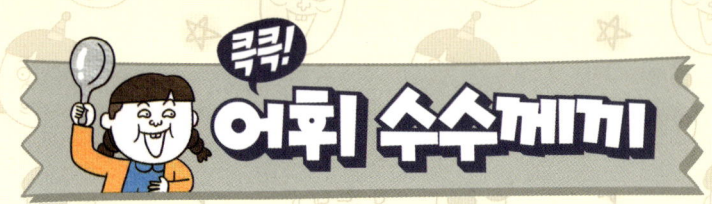

① 왕에게 헤어질 때 하는 인사는?

② 사이다에 식초, 오렌지주스, 간장을 섞으면 어떻게 될까?

③ '사과를 한입 베어 물면?'을 4글자로 하면?

④ 숙제를 안 해도 혼나지 않는 사람은?

⑤ '슈퍼마켓에서 일하는 남자'를 3글자로 하면?

⑥ 고기 마니아만 보면 자꾸 따라오는 개는?

정답 ① 파이팅 ② 엄마한테 혼난다. ③ 파인애플 ④ 장난감 ⑤ 슈프림 ⑥ 아쉬게 ⑦ 촛불 ⑧ 눈사람 ⑨ 아이스크림 ⑩ 꽃고추 ⑪ 놀구름 ⑫ 메시지

---

❼ 케이크 위에 꼿꼿이 서서 눈물 흘리는 것은?

❽ '돼지가 방귀를 뀌면?'을 3글자로 하면?

❾ '아몬드가 죽으면?'을 5글자로 하면?

❿ '고추가 웃으면?'을 3글자로 하면?

⓫ 선물로 주어도 발로 차 버리는 것은?

⓬ 세상에서 제일 큰 코는?

가로세로 십자말풀이 정답

① 38쪽

①얼	②음		⑤구	레	④나	룻
	악				루	
	③책	④거	리		⑦터	널
		울				
⑧벚	⑨꽃		⑪늦	장		⑫짝
	꽂		깎			짝
굽	이	굽	이		⑬나	이

② 64쪽

	①베	끼	다			③트
②찌	개			④대	⑤물	림
			⑥돌		고	
⑦새		멩		⑩사	기	꾼
⑧알	⑨맹	이		과		
	꽁		⑫대			⑭소
종	이		⑬야	금	야	금

③ 94쪽

		①보		⑤실	랑	⑥이
②고	③랭	지		수		파
난		④각	오		오	리
도			⑧놀	이		
	⑨애		⑪해	소	리	
식	초		코		박	
용		먼	지	떨	이	

④ 124쪽

	①실		③한	창		④보
②싫	증		참		⑤부	양
		⑦지		⑥재	연	
	⑧동	그	라	미		⑬나
⑨반		시			⑪사	흘
⑩드	론		⑫가		이	
시		⑪염	치		⑭비	누

5 154쪽

온	종	일		지	구	상
난		본		굿		담
화		어	린	이		
	충				나	중
그	동	안		제	일	
림		심	해		강	산
자	취		마	다		책

6 180쪽

마	니	아		메	시	지
크		웃	음		사	인
		렛		카		
액			뷔	페		
세	미	나			용	돈
서			커	피		가
리	더	십		난	센	스

어휘 찾아보기

ㄱ

가족 간 … 144
가치 … 101
감색 … 79
강낭콩 … 35
같이 … 101
거무튀튀하다 … 61
걷잡다 … 118
겉잡다 … 118
곁눈질 … 36
고난도 … 73
고랭지 … 71
과녁 … 15
구레나룻 … 21
굴욕 … 118
굽이굽이 … 29
귀걸이 … 23
귀고리 … 23
귀띔 … 47
그끄저께 … 83
그동안 … 133
깍듯이 … 19
깨작거리다 … 49
꼬리 … 109
꼿꼿이 … 17
꽁지 … 109
꽃꽂이 … 17
꾸물꾸물하다 … 122
꼬물꼬물하다 … 122
끼어들다 … 47

ㄴ

나루터 … 29
나흘 … 105
난센스 … 175
낟알 … 109
날름 … 88
날마다 … 135
낱알 … 109
내비게이션 … 174
너만 하다 … 140
널따랗다 … 92
눌어붙다 … 84
뉘엿뉘엿 … 89
느낀 대로 … 143
늑장 … 16
늘그막 … 20
늦깎이 … 20
늦장 … 16

ㄷ

다달이 … 37
다시 한번 … 149
다음 날 … 153, 177
단언컨대 … 81
대개 … 105
대게 … 105
대물림 … 51
더욱더 … 137
돈가스 … 167
돋치다 … 80
돌멩이 … 54
뒤처지다 … 111
뒤쳐지다 … 111
들이켜다 … 57
따님 … 32
따라 하다 … 152
딴죽 … 122
딴지 … 122

ㄹ

로봇 … 163
리더십 … 170

ㅁ

마구잡이 … 53
마니아 … 171
막무가내 … 178
만반 … 15
매뉴얼 … 173
머리숱 … 21
먹을 만하다 … 140
먼지떨이 … 83
메슥거리다 … 50
메시지 … 161
며칠날 … 24
무릎쓰다 … 32
무리 … 110
물방울무늬 … 179
물의 … 110
뭉게구름 … 45
미스터리 … 163

ㅂ

반드시 … 103
반듯이 … 103
밥은커녕 … 135
배 속 … 133
벚꽃 … 27
베개 … 55

베끼다 … 55
보고 싶다 … 136
보랭 가방 … 92
보양 … 117
본 지 … 132
본뜨다 … 46
봉오리 … 107
봉우리 … 107
봬요 … 62
부리나케 … 77
부양 … 117
불고하다 … 114
불구하다 … 114
뷔페 … 165
비즈니스 … 174
빈털터리 … 33

ㅅ

사인 … 162
사흘 … 105
살렴 … 93
상처투성이 … 149
새것 … 179
생뚱맞다 … 76
설욕 … 118
성대모사 … 87
세 … 121
센티미터 … 170
손사래 … 73
송년회 … 177
수밖에 … 141
수술하다 … 117
숟가락 … 11
슈퍼마켓 … 169
시술하다 … 117
실랑이 … 75
실증 … 101
싫증 … 101
쌉쌀하다 … 72

썩이다 … 123
썩히다 … 123

ㅇ

아니에요 … 63
아니요 … 59
아들내미 … 87
아마존강 … 147
아웃렛 … 162
아침 겸 점심 … 151
안되다 … 143
안팎 … 75
알 듯 말 듯 … 151
알맹이 … 53
앙코르 … 175
애초 … 77
액세서리 … 171
야금야금 … 58
얌체 … 121
어물쩍 … 31
어쭙잖다 … 72
얼루기 … 35
얼마 만에 … 139
얼마큼 … 33
얼음 … 12
업다 … 102
엎다 … 102
에어컨 … 169
연필깎이 … 19
염치 … 121
오므리다 … 63
오이소박이 … 91
오지랖 … 28
온종일 … 145
옷걸이 … 23
왜냐하면 … 147
요금 … 121
요새 … 49
우유갑 … 84

움츠리다 … 50
움큼 … 12
유례없다 … 80
융통성 … 178
으스대다 … 46
으스스하다 … 61
음률 … 88
의젓하다 … 25
이튿날 … 36
이파리 … 93
일절 … 115
일찍이 … 37
일체 … 115

ㅈ

재연 … 119
재현 … 119
저물녘 … 27
전 세계 … 148
전통 … 113
정통 … 113
조그마하다 … 25
족집게 … 71
좀 더 … 137
좋은지 … 132
좋을 텐데 … 152
주꾸미 … 91
주스 … 166
주체 … 113
주최 … 113
지구상 … 148
지그시 … 106
지긋이 … 106
집다 … 102
짚다 … 102
짜깁기하다 … 81
짝짝이 … 16
쩨쩨하다 … 54
찌개 … 57

ㅊ

책거리 … 24
천만에 … 85
첫 번째 … 131
초점 … 13
초콜릿 … 166
추스르다 … 51
추운 데에서 … 136
칠흑 … 28

##

카페 … 165
케이크 … 167
콘셉트 … 173
퀭하다 … 89
퀴퀴하다 … 85

ㅌ

털북숭이 … 79
텃새 … 110
텃세 … 110
통화 중 … 153
트림 … 58

ㅍ

파이팅 … 161

ㅎ

하굣길 … 13
하려고 … 62
하루 종일 … 145
한참 … 106
한창 … 106
할 거야 … 131
할 말 … 141
할 뻔하다 … 139
해 질 녘 … 144
해롱해롱 … 59
해코지 … 76
햅쌀 … 11
흠집 … 31

말맛이 살고 글맛이 좋아지는
어맛! 맞춤법 맛집

1판 1쇄 발행 2024년 1월 15일
1판 2쇄 발행 2024년 8월 9일

글   홍옥
그   림   뿜작가

펴 낸 이   김유열
디지털학교교육본부장   유규오
출판국장   이상호
교재기획부장 박혜숙
교재기획부   장효순

책임편집   홍옥
디 자 인   김수인
인   쇄   애드그린인쇄

펴 낸 곳   한국교육방송공사(EBS)
출판신고   2001년 1월 8일 제2017-000193호
주   소   경기도 고양시 일산동구 한류월드로 281
대표전화   1588-1580
이 메 일   ebsbooks@ebs.co.kr
홈페이지   www.ebs.co.kr

I S B N   978-89-547-8149-7 74700
           978-89-547-5398-2 (세트)

ⓒ 2024, EBS·홍옥·뿜작가

이 책은 저작권법에 따라 보호받는 저작물이므로 무단 전재 및 무단 복제를 금합니다.
파본은 구입처에서 교환해 드리며, 관련 법령에 따라 환불해 드립니다. 제품 훼손 시 환불이 불가능합니다.